MANUAL DE CORRESPONDÊNCIA: INGLÊS-PORTUGUÊS

CORRESPONDENCE HANDBOOK: ENGLISH-PORTUGUESE

MANUAL DE CORRESPONDÊNCIA: INGLÊS-PORTUGUÊS
CORRESPONDENCE HANDBOOK: ENGLISH-PORTUGUESE

AUTORES
JAMES MARTIN WILSON
MARIA TERESA SALGADO LAMEIRAS
RAQUEL MARIA CORREIA CARDOSO

EDITOR
EDIÇÕES ALMEDINA, SA
Avenida Fernão de Magalhães, n.º 584, 5.º Andar
3000-174 Coimbra
Tel: 239 851 904
Fax: 239 851 901
www.almedina.net
editora@almedina.net

ARRANJO GRÁFICO
CLÁUDIA MAIROS
Email: claudia_mairos@yahoo.com

IMPRESSÃO • ACABAMENTO
G.C. GRÁFICA DE COIMBRA, LDA.
Palheira – Assafarge
3001-453 Coimbra
producao@graficadecoimbra.pt

Setembro, 2007

DEPÓSITO LEGAL
206502/04

Os dados e as opiniões inseridos na presente publicação
são da exclusiva responsabilidade do(s) seu(s) autor(es).

Toda a reprodução desta obra, por fotocópia ou outro qualquer processo,
sem prévia autorização escrita do Editor,
é ilícita e passível de procedimento judicial contra o infractor.

JAMES MARTIN WILSON
MARIA TERESA SALGADO LAMEIRAS
RAQUEL MARIA CORREIA CARDOSO

MANUAL DE CORRESPONDÊNCIA:
INGLÊS-PORTUGUÊS

CORRESPONDENCE HANDBOOK:
ENGLISH-PORTUGUESE

REIMPRESSÃO DA EDIÇÃO DE FEVEREIRO 2004

NOTA DE APRESENTAÇÃO

O manual de correspondência que apresentamos, elaborado pelo grupo de docentes de Inglês de Negócios do Instituto Superior de Contabilidade e Administração de Coimbra, propõe-se apoiar um público diversificado. Tendo tido como primeiro alvo os alunos deste Instituto, deverá poder servir muitos outros destinatários, nomeadamente: estudantes de cursos de secretariado, para quem um manual de correspondência em Inglês-Português trará vantagens e benefícios evidentes; empresas com contactos internacionais para quem a correspondência em Inglês é uma necessidade quase constante; profissionais de áreas de estudo diversificadas (desde médicos, investigadores, professores, engenheiros, arquitectos, etc) com conhecimentos de Inglês mas sem formação nesta área específica; estudantes e empresas internacionais, para quem a versão portuguesa pode ser útil.

O manual pretende completar a oferta nesta área de estudo, através de uma maior sistematização das matérias, conciliando os princípios teóricos com exemplos de aplicação prática, numa versão bilingue em Inglês-Português. Aqui, aproveitámos as potencialidades de uma equipa equilibrada, com falantes de língua inglesa e falantes de língua portuguesa. Foi, assim, mais fácil reconhecer diferenças linguísticas e culturais entre as duas línguas, factor determinante numa tradução que se pretende de qualidade.

Para um acompanhamento mais fácil do utilizador, optámos por colocar a versão inglesa do texto no lado direito e a respectiva tradução no lado esquerdo. O facto de existirem essas duas versões, de texto em Inglês e em Português, não significa que o objectivo do manual seja ensinar

INTRODUCTORY NOTE

As lecturers in Business English at the *Instituto Superior de Contabilidade e Administração de Coimbra* (Coimbra Institute of Higher Education in Accounting and Administration), we have written this bilingual handbook (English-Portuguese) with a diversified public in mind. Having as a target audience the students at our Institute, this handbook can also be of beneficial use to other readers, namely: students attending secretarial courses, for whom it will provide obvious benefits; companies with international contacts that constantly use English in their daily activities; those belonging to diversified study areas (doctors, researchers, teachers, engineers, architects, etc) with knowledge of the English language, but without any specific training within this area and international students and companies for whom the Portuguese version can be useful.

This handbook was written as we felt that there was a need to develop, in a systemised format, a bilingual book that provides a clear balance between theory and practice. We took advantage of the fact that we are a balanced group of native English and Portuguese speakers. As such, it was easier to recognise linguistic and cultural differences between the two languages, a crucial factor in a quality translation.

In order to assist the reader, we decided to place the English text on the right page, and the corresponding Portuguese version on the left. The fact that these two versions exist does not imply that the purpose of the handbook is to teach how to write in both languages. In fact, its purpose

a escrever correspondência nas duas línguas. Pretende-se tão somente ensinar a escrever vários tipos de correspondência em Inglês, sendo o Português apenas uma tradução, tão fiel quanto possível, do original em Inglês.

No fim de cada capítulo, existe um levantamento do vocabulário específico desse capítulo. Esse vocabulário, também em Inglês-Português, diz respeito não só a palavras e expressões, mas também a frases padrão, que acabam por se repetir no mesmo tipo de cartas. Existe ainda uma lista de abreviaturas e acrónimos referentes ao respectivo capítulo.

Esperamos que este manual seja um auxiliar válido para todos aqueles que pretendem ter um bom domínio da correspondência em Inglês. Contamos que o manual ajude quem ainda não se sente verdadeiramente confiante relativamente ao seu conhecimento da língua inglesa, ajudando a ultrapassar barreiras linguísticas e culturais que possam aparecer.

Ficamos abertos a críticas que nos permitam actualizar regularmente este manual, de forma a tornar-se um livro de referência para todos.

is only to teach how to write various types of correspondence in English, with the Portuguese version acting as a translation, as close as possible, to the original version.

At the end of each chapter, we have provided the reader with a list of specific vocabulary. This vocabulary, also in a bilingual format, not only refers to key words, but also to standard phrases that are found in similar types of letters. We have also included a list of abbreviations and acronyms.

We hope that this handbook will be useful to those who aim at achieving a good standard of English in correspondence. We also hope that it helps those who do not feel confident enough with their knowledge of the English language so that they can overcome any linguistic and cultural barriers that may arise.

We welcome any suggestions that may assist us in improving this handbook, so that it may be regarded as fundamental reading for everyone.

ÍNDICE

Capítulo I	**FORMAS DE CORRESPONDÊNCIA**	12
	1. O Memorando	14
	2. A Circular	18
	3. A Carta..	22
	4. O Telegrama	24
	5. O Telex	26
	6. O Fax	30
	7. O Correio electrónico.....................................	34
	Vocabulário Chave; Abreviaturas e Acrónimos	38
Capítulo II	**A ESTRUTURA DE UMA CARTA**	40
	1. A Estrutura de uma Carta de Negócios	42
	2. A Estrutura de uma Carta Pessoal....................	54
	3. Endereçar um Envelope	62
	Vocabulário Chave; Abreviaturas e Acrónimos ...	66
Capítulo III	**CORRESPONDÊNCIA SOCIAL**	68
	1. Programar Encontros e Viagens	70
	2. Convites	76
	3. Felicitações	86
	Vocabulário Chave; Abreviaturas e Acrónimos ...	92

INDEX

Chapter I   **FORMS OF CORRESPONDENCE**   13
    1. The Memo   15
    2. The Circular...   19
    3. The Letter   23
    4. The Telegram   25
    5. The Telex   27
    6. The Fax   31
    7. The *E-mail* *35*
    Key Vocabulary; Abbreviations and Acronyms ...   38

Chapter II   **THE STRUCTURE OF A LETTER**   41
    1. The Structure of a Business Letter   43
    2. The Structure of a Personal Letter   55
    3. Addressing an Envelope   63
    Key Vocabulary; Abbreviations and Acronyms....   67

Chapter III   **SOCIAL CORRESPONDENCE**   69
    1. Appointments and Travel Arrangements   71
    2. Invitations   77
    3. Congratulations   87
    Key Vocabulary; Abbreviations and Acronyms ...   93

Capítulo IV	**CANDIDATAR-SE A UM EMPREGO**	94
	1. O Anúncio	96
	2. A Carta de Candidatura	102
	3. O *Curriculum Vitae*	106
	4. Confirmação e Recusa de Emprego	114
	Vocabulário Chave; Abreviaturas e Acrónimos ...	122
Capítulo V	**CORRESPONDÊNCIA COMERCIAL**	124
	1. Pedidos de Informação	126
	2. Respostas a Pedidos de Informação	132
	3. Encomendas	138
	4. Pagamentos	144
	5. Queixas/Reclamações	154
	6. Respostas a Queixas/Reclamações	158
	Vocabulário Chave; Abreviaturas e Acrónimos ...	162

Chapter IV	**APPLYING FOR A JOB**	95
	1. The Advertisement	97
	2. The Letter of Application	103
	3. The *Curriculum Vitae*	107
	4. Confirmation and Rejection of Employment ...	115
	Key Vocabulary; Abbreviations and Acronyms....	123
Chapter V	**COMMERCIAL CORRESPONDENCE**	125
	1. Enquiries	127
	2. Replies to Enquiries	133
	3. Orders	139
	4. Payments	145
	5. Complaints	155
	6. Replies to Complaints	159
	Key Vocabulary; Abbreviations and Acronyms ...	163

CAPÍTULO I

FORMAS DE CORRESPONDÊNCIA

Neste capítulo são analisadas as várias formas de correspondência utilizadas nos dias de hoje em diversas situações. O memorando e a circular surgem em primeiro lugar, uma vez que são utilizados sobretudo dentro de uma empresa. Seguem-se a carta, o telegrama, o telex, o fax e o correio electrónico como formas de correspondência com o exterior. Neste último grupo, as diferentes formas de correspondência são apresentadas de acordo com uma sequência cronológica.

CHAPTER I

FORMS OF CORRESPONDENCE

This chapter focuses upon the different forms of correspondence that are generally used in today's social and business contexts. Firstly, the memorandum and the circular are presented, as they are forms of correspondence mainly used for internal communication purposes. Then, the letter, telegram, telex, fax and e-mail are presented as forms of external correspondence. This last group is presented in a chronological order.

1. O Memorando

Os memorandos são utilizados **internamente**, dentro de uma organização, para avisar ou informar os empregados relativamente a situações particulares que aconteceram ou poderão acontecer dentro da organização. Poder-se-á tratar de uma comunicação de reforma de um funcionário ou de uma comunicação mais oficial relativamente a alterações administrativas ou estruturais.

Um memorando é um registo escrito que pode chegar a muitas pessoas em simultâneo. É utilizado para simplificar e acelerar a comunicação interna e por isso os memorandos não incluem morada do destinatário, saudação ou despedida.

A maior parte dos memorandos começa com a seguinte informação:

Para:_____
De: _____
Data:_____
Assunto:_____

Hoje em dia, os memorandos são frequentemente substituídos pelo correio electrónico. Este assunto será analisado mais à frente neste capítulo.

1. The Memo

Memos (or memorandums/memoranda) are used **internally** within an organisation to advise or inform employees about particular situations that have happened or are going to happen within the organisation. These can range from a staff retirement notice to a more official announcement about administrative or structural changes.

A memo provides a written record and can reach many people simultaneously. It is used to simplify and speed up internal communication and that is why memos do not include inside addresses, salutations or complimentary closes.

Most memos start with the following items:

> To:_____
> From:_____
> Date:_____
> Subject:_____

Nowadays, memos are very often replaced by the e-mail. This topic is discussed later in the chapter.

Exemplo 1.1: **Memorando**

MEMORANDO

BELSTROM MACHINERY CO LTD
12, Queens Way, Bolton England

Para: Chefes de departamento

De: José Pires

Data: 10 de Março de 2003

Assunto: Melhorar o sistema de computadores

Na próxima segunda-feira, consultores da Web Must Ltd estarão na nossa empresa para melhorar o nosso sistema de gestão de dados e para modificar os nossos programas de contabilidade.

Agradecemos toda a assistência que possam dar e pedimos também para informar os responsáveis de cada secção relativamente à sua presença. Agradecemos também que afixem cópias relativamente a este assunto nos respectivos painéis de informação.

José Pires
Director de Recursos Humanos

Example 1.1: **Memo**

MEMORANDUM

BELSTROM MACHINERY CO LTD
12, Queens Way, Bolton England

To: Departmental Heads

From: José Pires

Date: 10th March 2003

Subject: Computer system upgrade

Next Monday consultants from Web Must Ltd are arriving to begin upgrading our data management system as well as modifying our accounting packages.

Please provide all the assistance that you can and inform floor managers of their presence. Also post copies of this notification on the respective notice boards.

José Pires
Personnel Manager

---

2. A Circular

A circular é uma carta utilizada para fazer chegar a mesma mensagem a vários destinatários. Pode ser utilizada para comunicação **interna** (como alternativa a um memorando) quando enviada aos funcionários de uma organização; pode igualmente ser utilizada para comunicação **externa** quando enviada, por exemplo, aos vários clientes de uma empresa.

São várias as situações em que uma organização pode recorrer à circular: informar os trabalhadores relativamente a alterações no funcionamento da empresa, apresentar novos produtos (ver o exemplo que se segue) e divulgar campanhas de promoção de artigos são apenas alguns exemplos.

2. The Circular

The circular is a letter used to transmit the same message to many different destinations. It can be used **internally** within an organisation (as an alternative to the memorandum) when communicating with employees. It can also be used **externally** when communicating with various customers.

There are many situations in which an organisation might use a circular: informing employees about policy changes; providing information to customers about a new line of products (see example 1.2) and advertising campaigns, are just some examples.

Exemplo 1.2: **Circular**

Circular Nº 123

BELSTROM MACHINERY CO LTD
12, Queens Way, Bolton England

16 de Outubro de 2003

Estimado cliente,

É com todo o prazer que o informamos que a nossa nova colecção de camisolas para o mercado jovem se encontra disponível.

Uma vez que é um dos nossos clientes mais antigos, e sabendo que este produto irá ser um sucesso em vendas futuras, aproveitamos esta oportunidade para oferecer um desconto considerável na encomenda deste produto.

Pode fazer já a sua encomenda, uma vez que a mercadoria está disponível e a entrega será imediata.

Se estiver interessado em ver a mercadoria, pode visitar o nosso salão de exposições em qualquer altura. Caso não seja possível visitar-nos, estaremos ao seu dispor para vos enviar a nossa colecção de amostras de modelos e padrões.

Aconselhamo-lo a não perder esta oportunidade única, pois estamos certos de que será um sucesso.

Com os melhores cumprimentos,
Pel' Belstrom Machinery Co Ltd.

Rafael Clark
Director de Marketing

Example 1.2: **Circular**

Circular No. 123

BELSTROM MACHINERY CO LTD
12, Queens Way, Bolton England

16th October 2003

Dear customer,

We have great pleasure in informing you that our new range of sweaters for the teenage market is now available.

As you are one of our most loyal customers and as we know that the sweaters would provide a very attractive line for your forthcoming sales, we are offering the sweaters to you at a favourable discount.

You can order now from our ready stock and delivery will be immediate.

If you would like to inspect the goods, then you are invited to our showroom at any time. If not, we could supply you with a sample range of our designs and patterns upon request.

We would advise you not to miss this exceptional opportunity as we are certain the new design will be very successful.

Yours sincerely,
p.p. Belstrom Machinery Co Ltd.

R Clark

Rafael Clark
Marketing Manager

3. A Carta

Como já foi referido, os memorandos e as circulares são utilizados sobretudo para comunicação interna, embora a circular também possa ser utilizada para comunicação com o exterior. Além disso, um memorando ou uma circular podem ser enviados a vários leitores, transmitindo assim simultaneamente a mesma mensagem a muitas pessoas.

As cartas são utilizadas essencialmente para comunicação com o exterior, ou seja, são enviadas a pessoas fora da organização (um cliente, um fornecedor, etc.). São geralmente dirigidas a um leitor individual, uma vez que o assunto da carta é apenas relevante para um determinado leitor ou para uma determinada empresa. As cartas são um tipo de correspondência mais formal, mesmo quando escritas num estilo relativamente informal.

Não há dúvida de que as cartas assumem um papel central nas funções do dia a dia de qualquer empresa. Por isso, a elaboração de uma carta justifica uma análise mais profunda do seu estilo e da sua estrutura. Por esta razão, o próximo capítulo é dedicado exclusivamente a este assunto.

3. The Letter

As was previously discussed, memos and circulars are primarily used for internal communication purposes, although the circular can also be used externally. Also, one memo or circular can be sent to a multitude of readers thus conveying simultaneously the same message to many people.

Letters, on the other hand, are primarily used for external communication purposes between customers, suppliers etc. and are usually directed to one individual reader, as the subject of the letter is relevant only to that particular reader or organization. Letters carry an air of formality even when they are written in an informal style.

Letters are without doubt a fundamental part of the daily functions of any organization. As such, they warrant a more in-depth analysis of their styles and structures. Therefore, the following chapter is dedicated specifically to that topic.

4. O Telegrama

O termo inglês "telegram" (telegrama) é sinónimo de "cable" (telegrama), enquanto meio de comunicação. Associamos geralmente "telegram" a comunicações dentro de um mesmo país; "cable" está associado a comunicações fora do país

O telegrama é uma forma de comunicação rápida e simultaneamente breve, na medida em que se podem omitir palavras. No entanto, a omissão de certas palavras pode levar a uma interpretação errada da mensagem; assim, o ênfase deve residir sobretudo na clareza da mensagem e não tanto na correcção gramatical.

Os telegramas são normalmente escritos com letras maiúsculas com o endereço do destinatário em cima e o do remetente em baixo (ver o exemplo que se segue).

Num telegrama é preferível escrever os números por extenso quando se trata de dinheiro, peso e medidas.

Embora os pontos finais possam ser utilizados nos telegramas, é preferível escrever a palavra STOP para marcar as pausas. A palavra REPEAT é utilizada quer para enfatizar a negativa, quer para realçar um pormenor importante. Podem ainda ser utilizadas abreviaturas reconhecidas internacionalmente:

B/E	Letra de Câmbio
B/L	Guia de Transporte/Embarque
D/S	Dias de Vista
L/C	Carta de Crédito

Exemplo 1.3: **Telegrama**

```
BETS LISBOA
PREÇO NÃO ACEITE REPITO NÃO ACEITE STOP OFERECERAM
VINTE E SEIS EUROS POR TONELADA STOP
LETRA DE CÂMBIO A VINTE DIAS STOP PODE FICAR OU IR PARA
HONG KONG STOP
RESPONDA DEPRESSA
SILVA
```

4. The Telegram

The word telegram is synonymous with the word "cable" as a means of communication. The telegram is generally associated with nationwide communications while the cable is associated with overseas communications.

The telegram is a fast means of communication; it is also short because words can be omitted. However, the omission of certain words can lead to a misinterpretation of the message. Therefore, the emphasis should be on clarity rather than on grammatical excellence.

Telegrams/cables are usually written out in capital letters with the receiver's address at the top and the sender's at the bottom (see example 1.3 below).

It is preferable to write numbers in words rather than figures when they refer to currency, weights and measurements.

Although full stops can be used in telegrams, the word STOP is preferred to indicate the end of a sentence. The word REPEAT is used to emphasise a negative form or to highlight an important point. Certain internationally recognized abbreviations can be used:

B/E	Bill of Exchange
B/L	Bill of Lading
D/S	Days after Sight
L/C	Letter of Credit

Example 1.3: **Telegram/cable**

```
BETS LISBON
NOT ACCEPT PRICE REPEAT NOT ACCEPT STOP OFFERED
TWENTY SIX EUROS PER TON STOP
WANT B/E TWENTY D/A STOP CAN STAY OR GO TO HONG KONG
STOP
REPLY ASAP
SILVA
```

5. O Telex

O telex tem desempenhado um papel muito importante no mundo da comunicação de negócios, quer nos principais países tecnologicamente desenvolvidos, quer nos países em vias de desenvolvimento. Abarca mais de 200 países e é utilizado nos transportes marítimos e aéreos.

Num ambiente de negócios em que é necessário confirmar entregas, fazer encomendas urgentes, emitir queixas e aguardar respostas imediatas de qualquer parte do mundo, o telex é um instrumento muito útil. São muitas as vantagens do telex: é rápido; flexível, uma vez que pode ser utilizado em múltiplas situações e eficaz, porque substitui completamente os sistemas de entregas postais com a rapidez, fiabilidade e eficiência da electrónica moderna.

É ainda conciso e económico. Não levanta problemas de tempo, uma vez que pode ser enviado a qualquer hora. A nível da linguagem, não há grande perigo de interpretações erradas uma vez que o telex desenvolveu um conjunto de abreviaturas para simplificar a escrita. Há, assim, uma série de abreviaturas ou acrónimos que são utilizados no telex:

ABS	Subscritor ausente
ASAP	O mais depressa possível
BK	Interrompido, desligado
CFM	Confirmar
CRV	Bem recebido
EEE	Erro
FIN	Fim, terminado
GA	Pode transmitir
INF	Serviço de informações
MNS	Minutos
MOM	Aguarde um momento
NA	Correspondência não aceite
NC	Sem circuitos
NCH	Número do subscritor alterado
NR	Número
OCC	Ocupado
OK	Okay

5. The Telex

Telex has been a force in the world of business communications, either in the main technological countries or developing countries. It spans over 200 countries and is used on ships and in the air so that the message can get across.

In a busy environment where you need to confirm deliveries, make urgent orders, issue complaints and expect instant replies from any part of the world, the telex is a useful tool. It has many advantages: it is fast, flexible as it can be used in multiple situations and efficient because it completely substitutes general postal delivery systems with the speed, reliability and efficiency of modern electronic systems.

It is also concise and economic. There are no time problems as it can be sent at any time. There are few language misunderstandings as many abbreviated forms have been developed in order to simplify the writing process. Some examples of abbreviations or acronyms are:

ABS	Absent subscriber, office closed
ASAP	As Soon As Possible
BK	Broken, cut off
CFM	Confirm
CRV	Receive well
EE	EError
FIN	Finished
GA	Go ahead, you may transmit
INF	Information (Enquiry) Service
MNS	Minutes
MOM	Wait a moment
NA	Correspondence to this subscriber is not admitted
NC	No circuits
NCH	Subscriber's number has been changed
NR	Number
OCC	Occupied
OK	Okay

P	Pausa, parar a transmissão
PPR	Papel
R	Recebido
RAP	Volto a ligar
RPT	Repetir
SVP	Por favor (*S'il vous plaît*)
TEST MSG	Envie por favor uma mensagem teste
THRU	Ligação conseguida
TPR	Impressora do telex
W	Palavras
WRU	Quem é?
XXXXX	Erro

As mensagens por telex devem ser apresentadas de acordo com um determinado modelo (ver o exemplo que se segue).

Exemplo 1.4: **Telex**

```
233657428  PEREIRA

4418166543  G TECH

02  03  21

A/C:  WATSON

RE:  ENTREGA DE MERCADORIA

CONFIRME POR FAVOR QUE A ENCOMENDA FOI DESPACHADA
A TEMPO OK?

TEMOS MAQUINARIA PRONTA NAS DOCAS NO DIA
VINTE E TRÊS

 FIM

C JOSE

4418166543  G TECH

233657428   PEREIRA
```

P	Pause, stop your transmission
PPR	Paper
R	Received
RAP	I shall call you back
RPT	Repeat
SVP	If you please *(S'il vous plaît)*
TEST MSG	Please send a test message
THRU	Through, you are connected
TPR	Teleprinter
W	Words
WRU	Who are you?
XXXXX	Error

Telex has a standard form (see example 1.6 below).

Example 1.4: **Telex**

```
233657428  PEREIRA

4418166543  G TECH

02  03  21

ATTN: WATSON

RE:  DELIVERY OF GOODS

PLEASE CONFIRM THAT ORDER IS IN TRANSIT AND ON TIME
OK?

HAVE MACHINERY ON STANDBY AT DOCKS FOR TWENTY
THIRD

FIN

C JOSE

4418166543  G TECH

233657428   PEREIRA
```

6. O Fax

O termo "fax" vem da palavra *facsimile* e significa uma cópia ou reprodução exactas. Como o nome sugere, cópias em duplicado de tudo o que for introduzido na máquina serão transmitidas e recebidas por alguém do outro lado da linha, neste caso uma linha telefónica.

Existem algumas regras a seguir quando se envia um fax, sendo uma delas a folha que acompanha o fax. Esta deve ser guardada no processador de texto para uma futura utilização. Contudo, nalguns casos, utiliza-se apenas uma página que funciona simultaneamente como a folha que acompanha o fax e o texto em si. Além disso, é sempre impresso um recibo da mensagem e todas as cópias têm um registo no fundo da página (ver o exemplo que se segue).

O fax tem várias vantagens sendo uma delas o acesso a cópias imediatas dos documentos pretendidos; além disso, pode ser enviado a várias pessoas tal como o memorando ou a circular. De acordo com a situação, o fax pode ser formal e informal e deve ser sempre claro e conciso.

6. The Fax

The word "fax" comes from the word *facsimile* meaning an exact copy or reproduction. As the name suggests, duplicate copies of whatever is fed into the machine will be transmitted and received by an individual at the other end of the telecommunications link, in this case a telephone line.

There are certain protocols to follow when sending a fax and the most important is the fax cover sheet. A template of this should be stored on the word processor for easy production. In some instances, it is the only sheet that needs to be sent. Also, a receipt of the transaction is always printed out and each copy received has a record at the foot of the page (see example 1.5).

The fax is advantageous because instant copies of required documents can be received and can be sent to more than one individual, as would be the case of sending a memo or circular. Depending on the situation, a fax can be either formal or informal and must be, in all cases, clear and concise.

Exemplo 1.5: **Fax**

BANNISTER SPORTS CO LTD	

Fax Cover Sheet P.O. Box 656, London England
Tel: 208 435467   Fax: 208 435444

Data: 10 Outubro   **Para número de fax**: + 217 6459677

Para: Maria Carriço   **De**: George Wells

Número total de páginas: 5

Cara Maria,
Gostaria de confirmar que a mercadoria encomendada já foi despachada. Em anexo poderá encontrar algumas alterações relativas a algumas páginas do nosso catálogo.

Cumprimentos
George

Se a transmissão estiver incompleta, contacte por favor o George para o número 208-435444.

Confidentiality

This facsimile is intended to be transmitted to the person named. Should it be received by another person, its contents are to be treated as strictly confidential. It is privileged communication between the firm and the person named. Any use, distribution or reproduction of the information by anyone than that person is prohibited.

D:10/10/2003-> H:14:30:33->FROM: 208435444-> TO +2176459667

Correspondence Handbook 33

Example 1.5: **Fax**

BANNISTER SPORTS CO LTD

Fax Cover Sheet   P.O. Box 656, London England
                            Tel: 208 435467   Fax: 208 435444

Date: 10 October   **To fax number**: + 217 6459677

To: Maria Carriço   **From**: George Wells

Number of pages in total: 5

Dear Maria,
I would like to confirm that the goods you ordered have been despatched. Please find enclosed adjustments to some of the pages in our catalogue.

Regards
George

If transmission is incomplete, please contact George on 208-435444.

Confidentiality

This facsimile is intended to be transmitted to the person named. Should it be received by another person, its contents are to be treated as strictly confidential. It is privileged communication between the firm and the person named. Any use, distribution or reproduction of the information by anyone than that person is prohibited.

D:10/10/2003-> H:14:30:33->FROM: 208435444-> TO +2176459667

---

7. O Correio Electrónico

A uma mensagem enviada por correio electrónico chama-se *e-mail*. Hoje em dia, enviar um *e-mail* é uma forma de comunicação muito comum dentro de todas as áreas de actividade. De facto, enviar um *e-mail* é relativamente mais barato do que enviar uma carta por correio. Actualmente, em muitas organizações, quase todos os tipos de comunicação, incluindo os memorandos, são normalmente enviados por *e-mail*, não só por ser uma forma de comunicação bastante rápida, mas também por poder ser recebido e lido em qualquer parte do mundo.

Uma das principais vantagens do *e-mail* relativamente ao fax é o facto de a mesma mensagem poder ser editada e enviada a pessoas diferentes; essa mesma mensagem pode ainda ser guardada automaticamente na caixa de correio electrónico para referência futura.

A maior parte dos *e-mails* tem uma estrutura semelhante (ver o exemplo que se segue).

7. The E-mail

An e-mail is an electronic mail. Nowadays, e-mailing is a common means of communicating within all areas of activities. As such, e-mailing is relatively cheaper than sending a letter by post. Within organisations, most types of communications, including memos, are usually sent via e-mail as it is much faster and can be accessed and read wherever you are in the world.

A major advantage of e-mails over faxes is that with e-mails a message can be edited and forwarded onto other persons and it can be stored automatically in the electronic mail box for future reference.

Most e-mail messages follow a similar structure (see example 1.6).

Exemplo 1.6: *E-mail*

	Current Folder: **INBOX**				**Sign Out**

Folders
Last refresh:
Sun 6:30 pm

Compose Address Folder Options Search Help

To: maria.carriço@universao.pt

CC:

BCC:

Subject: Important update

Priority:	**High** ▼	Receipt:	⬜On Read	⬜On delivery
Signature	Addresses	Send	Save Draft	

Maria,
Tanto quanto sei, a sua remessa foi descarregada no porto de Vigo e não no da Figueira da Foz, como solicitado.

Por favor, aceite as minhas desculpas. Estou a fazer os possíveis para resolver a situação. Pela sua parte, se puder fazer alguma coisa, diga-me. Espero que isto ajude.

É óbvio que a encomenda vai chegar tarde. Espero que isto não a prejudique muito e uma vez mais as minhas desculpas.

Cumprimentos
George

▲

SEND

Add

Example 1.6: **E-mail**

Folders	Current Folder: **INBOX**	**Sign Out**
Last refresh: Sun 6:30 pm	Compose Address Folder Options Search Help	

To: maria.carriço@universao.pt

CC:

BCC:

Subject | Important update

Priority: **High** ▼ Receipt: ☐ On Read ☐ On delivery

| Signature | Addresses | Send | Save Draft |

Maria,
AFAIK your consignment has been unloaded at Vigo harbour and not at
Figueira da Foz, as requested.

Please accept my apologies. I am doing my best to solve the situation. If
you are able to do something at your end please tell me. HTH

Obviously, the consignment will now arrive late. I hope this won't
inconvenience you too much and once again my apologies.

Regards
George

SEND   Add

Key Vocabulary	Vocabulário Chave
The Memo	**O Memorando**
Advise	Avisar
Announcement	Comunicação, anúncio, aviso
Employee	Empregado
Floor manager	Responsável de secção
Notice	Comunicação, participação, aviso
Notice board	Painel de informação
Organisation	Organização, empresa
Record	Registo
Staff	Pessoal
The Circular	**A Circular**
Advertising campaign	Campanha de publicidade
Customer	Cliente
Delivery	Entrega
Favourable discount	Desconto considerável
Forthcoming sales	Vendas futuras
Goods	Mercadoria, bens, produtos
Message	Mensagem
Order	Encomendar
Pattern	Padrão, modelo
Request	Pedido
Showroom	Salão de exposições
Stock	Mercadoria em armazém
Supply	Fornecer
Transmit	Transmitir
The Fax	**O Fax**
Adjustment	Alteração, rectificação
Copy	Cópia
Despatch/dispatch	Despachar, enviar
Fax cover sheet	Folha que acompanha o fax
Privileged communication	Comunicação privilegiada
Receipt	Recibo
Reproduction	Reprodução
Send a fax	Enviar um fax
Strictly confidential	Estritamente confidencial
The E-mail	**O Correio Electrónico**
Access	Ter acesso a
Add	Incluir, adicionar
Attach	Enviar em anexo
Browse	Procurar
Consignment	Encomenda, remessa
Draft	Cópia, esboço, rascunho
Edit	Editar
E-mail	v. Enviar por correio electrónico
	n. Correio electrónico

Forward	Enviar
Save	Guardar
Search	Procurar
Send an e-mail	Enviar um *e-mail*
Sign out	Fechar
Store	Guardar, armazenar

The Telegram	**O Telegrama**
Capital letter	Letra maiúscula
Clarity	Clareza
Currency	Moeda, unidade monetária
Highlight	Realçar
Nationwide	Dentro do mesmo país
Overseas	Fora do país
To write in figures	Escrever em números
To write in words	Escrever por extenso

The Telex	**O Telex**
Complaint	Queixa, reclamação
Concise	Conciso
Delivery	Entrega
Efficient	Eficiente
Fast	Rápido
Flexible	Flexível
Instant reply	Resposta imediata
Misunderstanding	Interpretação errada
On time	Pontualmente, à hora certa
Order	Encomenda
Span	Abarcar, englobar
Speed	Rapidez

Abbreviations and Acronyms	**Abreviaturas e Acrónimos**
AFAIK = As Far As I know	AFAIK = Tanto quanto sei
ASAP = As Soon As Possible	ASAP = Logo que possível
ATTN = Attention	ATTN = A/C = Ao cuidado de, À atenção de
B/E = Bill of Exchange	B/E = Letra de câmbio
BCC = Blind Carbon Copy	BCC = Cópia anónima
B/L = Bill of Lading	B/L = Guia de transporte/embarque
CC = Carbon Copy	CC = Cópia
D/S = Days after Sight	D/S = Dias de vista
HTH = Hope This Helps	HTH = Espero que isto ajude
L/C = Letter of Credit	L/C = Carta de crédito
PO Box = Post Office Box	PO Box = Caixa postal
p.p. = *Per procurationem*	p.p. = Por procuração, em nome de, pela/o (pel')
RE = Reference	RE = Referência, a respeito de...

CAPÍTULO II

A ESTRUTURA DE UMA CARTA

Apesar da chegada do fax, e mais tarde do *e-mail*, as cartas continuam a desempenhar um papel muito importante no mundo da comunicação. Elas são fundamentais em situações em que o assunto é importante, mas não urgente. Neste caso, o tempo é essencial, não só na preparação e na escrita de uma carta, como também na elaboração de uma resposta.

Neste capítulo são apresentadas as principais diferenças entre uma carta de negócios e uma carta pessoal, bem como a forma de endereçar um envelope.

CHAPTER II

THE STRUCTURE OF A LETTER

Despite the arrival of the fax and later the e-mail, letters continue to play an important role in the world of communication. They are essential in situations where the subject is important but not urgent. In this case, time is relevant in firstly writing the letter and secondly in preparing a response to it.

In this chapter, the main differences between a business letter and a personal letter are presented, as well as how to address an envelope.

1. A Estrutura de uma Carta de Negócios

Exemplo 2.1: **Estrutura de uma carta de negócios formal**

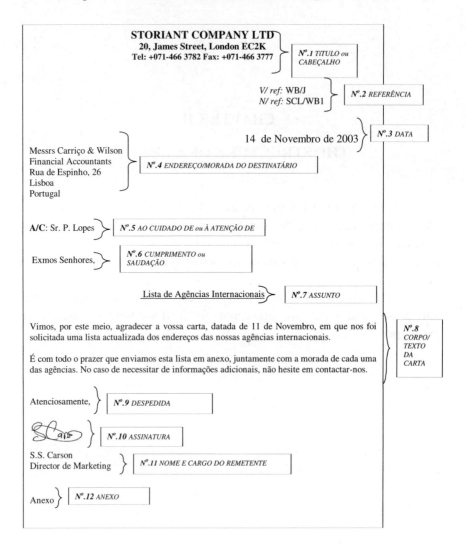

1. The Structure of a Business Letter

Example 2.1: **Structure of a formal business letter**

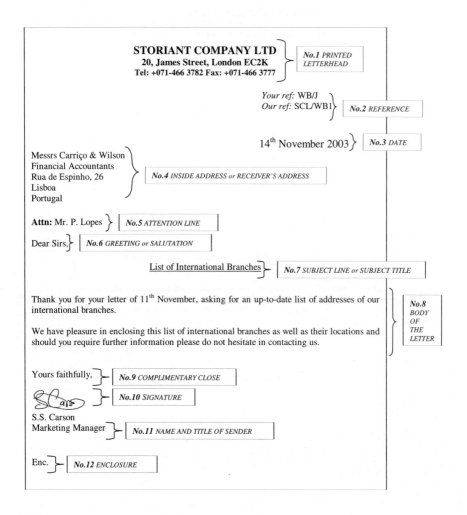

Exemplo 2.2: **Estrutura de uma carta de negócios informal**

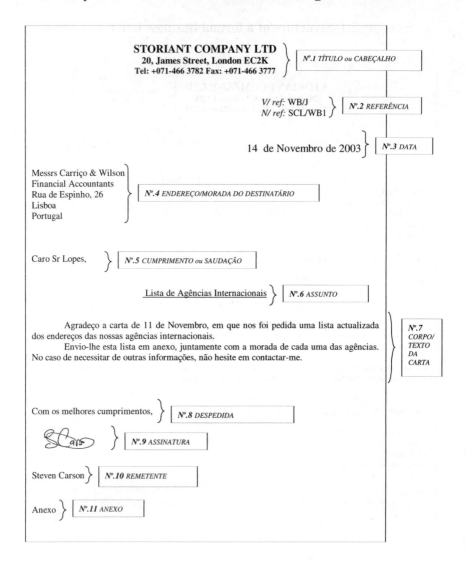

Correspondence Handbook 45

Example 2.2: **Structure of an informal business letter**

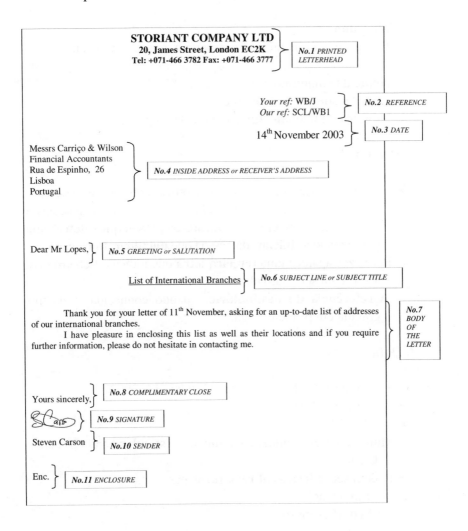

Notas sobre a Estrutura de uma Carta de Negócios

1. Cabeçalho
A informação aqui incluída diz respeito à empresa remetente:

- **Nome** da empresa;
- **Endereço/morada** da empresa;
- **Número de telefone, fax** e *e-mail* da empresa.

2. Referência

- A referência pode apresentar-se sob a forma de números e/ou de letras;
- Geralmente, quando são utilizadas letras, sempre maiúsculas, o primeiro grupo refere-se às **iniciais** da **pessoa que ditou** a carta, e o segundo às **iniciais** da pessoa que **dactilografou** a carta;
- Por vezes aparece uma **terceira letra** que indica o ficheiro onde a carta vai ser guardada;
- A **referência do destinatário**, quando conhecida, é dactilografada em primeiro lugar.

3. Data

- 14 Outubro 2003   EUA: Outubro 14, 2003
- 14 Outubro 2003
- 14 Out. 2003
- Muitas empresas omitem a terminação (**st, nd, rd** and **t h**) depois da data;
- Podem ser utilizadas **abreviaturas** para:
  - **Jan.** (Janeiro)
  - **Feb.** (Fevereiro)
  - **Aug.** (Agosto)
  - **Sept.** (Setembro)
  - **Oct.** (Outubro)
  - **Nov.** (Novembro)
  - **Dec.** (Dezembro)
- Os **meses nunca** devem ser escritos **em números**.

Correspondence Handbook 47

Notes on the Structure of a Business Letter

1. Printed letterhead
The information included here refers to the company writing/sending the letter:

- ➢ **Name** of the company;
- ➢ **Address** of the company;
- ➢ **Telephone number, fax** and **e-mail** of the company.

2. Reference

- ➢ The reference may appear in figures and/or in letters;
- ➢ Generally, when letters are used they are capitalized, the first group refers to the **initials** of the **person who dictated** the letter, and the second group to the person who **typed** the letter;
- ➢ Sometimes there is a **3rd letter** under which the letter must be filed;
- ➢ The **addressee's reference**, when known, is typed first.

3. Date

- ➢ 14th October 2003   USA: October 14, 2003
- ➢ 14 October 2003
- ➢ 14 Oct. 2003
- ➢ Many firms leave out the ending (**st, nd, rd** and **t h**) after the date;
- ➢ **Abbreviations** may be used for:
  - **Jan.** (January)
  - **Feb.** (February)
  - **Aug.** (August)
  - **Sept.** (September)
  - **Oct.** (October)
  - **Nov.** (November)
  - **Dec.** (December)
- ➢ **Do not** write the **months in figures**.

4. Endereço/morada do destinatário

➤ **Nome** e **morada** da empresa para quem a carta é dirigida;
➤ Os **títulos de cortesia** utilizados nos endereços são os seguintes:

Mr – utilizado para um **homem**;
Mrs – utilizado para uma **mulher casada**;
Miss – utilizado para uma **mulher solteira**;
Ms – utilizado quer para **mulheres casadas**, quer **solteiras**; esta forma de tratamento é bastante útil quando não sabemos se a pessoa a quem nos dirigimos é casada ou não;
Messrs – abreviatura de *Messieurs*, utilizada ocasionalmente para **dois ou mais homens;** é utilizada mais frequentemente antes do **nome de uma empresa**:
Exemplo*: Messrs Watson & Bruce*
Esq. - abreviatura de *Esquire*; hoje em dia é raramente utilizada. Só pode ser usada em vez de **Mr** e é colocada depois do nome. **Não se pode** utilizar **Esq.** e **Mr** ao mesmo tempo:
Exemplo: *Bruce Hill Esq.*, **não** *Mr Bruce Hill Esq.*

5. Ao cuidado de ou À atenção de

➤ Esta linha é bastante útil quando queremos que uma determinada pessoa leia a carta. Podemos utilizar as expressões "**À atenção de**", "**Atenção**" ou a abreviatura "**A/C**";
➤ Esta linha pode ser omitida.

4. Inside address or receiver's address

> ➤ **Name** and **address** of the firm to whom the letter is addressed;
> ➤ **Courtesy titles** used in addresses are as follows:

Mr – the usual courtesy title for a **man**;

Mrs – used for a **married woman**;

Miss – used for an **unmarried woman**;

Ms – used for both **married/unmarried women**; this is a useful form of address when you are not sure whether the woman you are writing to is married or not;

Messrs – abbreviation for *Messieurs*, used occasionally for **two or more men**, but more commonly forms part of the **name of a firm**:

Example: *Messrs Watson & Bruce*

Esq. - abbreviation for *Esquire*; it is seldom used now. It can only be used instead of **Mr** and is placed after the name.

Do not use **Esq.** and **Mr** at the same time:

Example: *Bruce Hill Esq.* **not** Mr *Bruce Hill Esq.*

5. Attention line

> ➤ This line is useful when we want someone in particular to read the letter. We may use the expressions "**For the attention of**", "**Attention**" or the abbreviation "**Attn**";
> ➤ This line may be omitted.

6. Cumprimento ou saudação

➢ Escreve-se com maiúscula e é normalmente seguido de uma vírgula:

Formal	Informal
Exmo. Senhor,	Caro Sr Brown,
Exmos Senhores,	Cara Sra Smith,
Exma. Senhora,	
Exmas Senhoras,	

7. Assunto

➢ Esta linha indica o principal tema da carta;
➢ Esta linha também pode ser omitida.

8. Corpo/texto da carta

➢ Pode ser **com reentrâncias**, o que implica deixar um espaço no início da primeira linha de cada parágrafo; neste caso, não se deve deixar espaço entre os parágrafos (ver exemplo 2.2). Pode também ser **bloqueado,** com todas as linhas dos parágrafos, incluindo a primeira, alinhadas à esquerda; aqui deve-se deixar espaço entre os parágrafos (ver exemplo 2.1).

9. Despedida

➢ Escreve-se com maiúscula e é normalmente seguida de uma vírgula:

Formal	Informal
Atenciosamente,	Com os melhores cumprimentos,

Exemplo:

Exmo. Senhor,	Caro Sr Brown,
————————	————————
Atenciosamente,	Com os melhores cumprimentos,

Correspondence Handbook 51

6. Greeting or salutation

➢ It starts with a capital letter and is usually followed by a comma:

Formal	**Informal**
Dear Sir,	Dear Mr. Brown,
Dear Sirs,	Dear Miss Smith,
Dear Madam,	
Mesdames,	

7. Subject line or subject title

➢ This line sums up the content of the letter;
➢ This line may also be omitted.

8. Body of the letter

➢ It may be **indented** which implies starting the first line of each paragraph further in from the margin than the other lines. Also, there is no spacing between paragraphs (see example 2.2). It may also be **blocked** which implies beginning every line against the margin and providing space between paragraphs (see example 2.1).

9. Complimentary close

➢ Starts with a capital letter and is usually followed by a comma:

Formal	**Informal**
Yours faithfully,	Yours sincerely,
	Yours truly,

Example:

Formal	**Informal**
Dear Sir,	Dear Mr Brown,
———————	———————
Yours faithfully,	Yours sincerely,

10. Assinatura

➢ É seguida da posição ou do cargo da pessoa que assina a carta;
➢ Quando pessoal autorizado assina cartas <u>em nome da</u> empresa ou em nome dos seus superiores, devem ser utilizadas determinadas expressões: **p.p.**; **per pro** (abreviaturas da expressão latina *per procurationem*); **pela/o** e **em nome de**:

Exemplo:	Atenciosamente,
	Pel' Storiant Co. Ltd
	Director de vendas

11. Anexo (s)

➢ Esta linha destina-se a mencionar possíveis documentos enviados em anexo.

10. Signature

➤ It is followed by the writer's position or status in the company;
➤ When authorised staff sign letters <u>on behalf of</u> the company or on behalf of their supervisors, certain expressions should be used: **p.p.**; **per pro** (abbreviations for the Latin expression *per procurationem*); **for** and **on behalf of**:

> *Example:*   Yours faithfully,
> **p.p.** Storiant Co. Ltd
>
> Sales Manager

11. Enc(s). /Encl(s).

➤ This line indicates any documents that might be enclosed with the letter.

2. A Estrutura de uma Carta Pessoal

Numa carta pessoal, a relação entre a pessoa que envia a carta e a pessoa que a recebe, bem como a mensagem transmitida, vão influenciar a escolha da saudação e da despedida. É igualmente importante sublinhar o facto de que uma carta pessoal é relativamente informal e familiar e por isso, quer as saudações quer as despedidas são bastante diferentes das utilizadas numa carta formal. Segue-se uma lista de possíveis saudações e despedidas informais que podem ser utilizadas em cartas pessoais.

Saudações ou **cumprimentos:**	**Despedidas:**
Caro Sr Brown,	Com os meus cumprimentos,
Meu caro Sr Lopes,	Cumprimentos,
Querido José,	Com as melhores saudações,
Minha/Meu querida/o,	Com os melhores cumprimentos,
Querida/o,	Afectuosamente,
	A/O tua/teu,
	Com amor,
	(Com) todo o meu amor,

Podemos também adaptar uma despedida, tendo em conta a relação que temos com o destinatário da carta.

Exemplo:
Até sábado,
A tua querida Mãe,
Até breve,
Saudades,

2. The Structure of a Personal Letter

The relationship between the sender and the receiver, as well as the message of the letter, will influence the choice of the greeting and of the complimentary close. Also, as the letter is a personal one, many forms that would be present in a formal letter are not used in this instance. Please find below a list of possible informal greetings or salutations and complimentary closes that could be used in personal letters.

Salutations or greetings:	Complimentary closes:
Dear Mr Brown,	Kind regards,
My dear Mr Lopes,	Regards,
Dearest José,	With best wishes,
Dearest,	Sincerely,
Darling,	Yours affectionately,
	Yours,
	Love,
	(With) All my love,

One can also make up their own ending, taking into account the relationship they have with the addressee.

Example:
Until Saturday,
Your loving Mother,
Hope to see you soon,
Missing you,

Exemplo 2.3: **Estrutura de uma carta informal**

43, Abbotsford Street,
Wiltesham,
Surrey.
1. MORADA DO REMETENTE
IS5 7TP
England

2. DATA 26 de Março de 2003

Querido Carlos, _3. SAUDAÇÃO_

Quero agradecer-te os momentos óptimos que passei contigo e com a tua família em Coimbra. Gostei muito de os conhecer a todos, especialmente a Ritinha.

Também gostei muito do tempo que passámos juntos e espero que tenhas sentido o mesmo. Já falei de ti à minha família e estão todos ansiosos por te conhecer. Será que podias vir cá na Páscoa? A razão pela qual te estou a fazer esta pergunta é que, como sabes, o meu aniversário calha no Domingo de Páscoa e eu gostaria muito que estivesses aqui comigo. Além disso é uma altura em que podemos aproveitar para fazer uma pausa nos nossos estudos.

4. CORPO/ TEXTO DA CARTA

Estou a escrever esta carta em vez de te telefonar porque aqui em casa todos querem saber algo mais sobre nós e estão sempre a tentar ouvir as nossas conversas.

Diz-me qualquer coisa sobre os teus planos para a Páscoa, OK? Se não puderes vir, talvez eu consiga convencer a minha família a dar aí um salto.

Saudades,
Beijinhos xxxxxxxxxxxx _5. DESPEDIDA_

6. NOME DO REMETENTE
Samantha

PS   A minha mãe manda-te cumprimentos.
Telefona ou escreve depressa. _7. INFORMAÇÃO ADICIONAL_

Correspondence Handbook 57

Example 2.3: **Structure of an informal letter**

43, Abbotsford Street,
Wiltesham,
Surrey.
IS5 7TP
England

1. SENDER'S ADDRESS

2. DATE 26 March 2003

Dear Carlos, *3. SALUTATION*

I want to thank you for the wonderful time that I had with you and your family in Coimbra. I really loved meeting them all, especially little Rita.

I also enjoyed the times that we had together and I hope you might be feeling the same. I have told my family all about you and they are keen to meet you. Could you come here for Easter? The reason I am asking this is because as you know my birthday falls on Easter Sunday and I would love you to be here with me. Also, it is a time when we can break away from our studies.

4. BODY OF THE LETTER

I am writing this letter instead of phoning because in this house everyone wants to know about us and they are always trying to listen to our conversations.

Let me know soon about your plans for Easter, OK? If you can't be here then I'm sure I can convince my family to pop over there.

Missing you, *5. COMPLIMENTARY CLOSE*
Lots of kisses xxxxxxxxxxxx

Samantha *6. SENDER'S NAME*

PS   My Mum sends her regards.
      Phone or write soon.

7. ADDITIONAL INFORMATION

Notas sobre a Estrutura de uma Carta Informal

1. Morada do remetente

- ➤ Uma vez que se trata de uma carta pessoal, não existe um cabeçalho impresso, até porque este tipo de carta é normalmente escrito em papel de carta pessoal;
- ➤ É frequente colocar a morada do remetente no canto superior direito da página.

Referência
Em cartas pessoais não existem referências.

2. Data

- ➤ Apesar de ser opcional, é importante incluir a data, uma vez que é uma indicação clara e objectiva relativamente ao momento em que a carta foi escrita.

Endereço/morada do destinatário
Esta informação é normalmente omitida.

Ao cuidado de ou À atenção de
Esta linha não existe em cartas pessoais.

3. Cumprimento ou saudação

- ➤ São geralmente utilizados os primeiros nomes; às vezes, dependendo da relação entre o remetente e o destinatário, também se utilizam diminutivos, como por exemplo *Dick* para Richard e *Beth* para Elizabeth;
- ➤ Também podem ser utilizadas alcunhas.

Assunto
Esta linha não existe em cartas pessoais.

Notes on the Structure of an Informal Letter

1. Sender's address

- ➢ As it is a personal letter, a company's headed letter will not appear as the letter is probably written on personal stationery;
- ➢ It is common to put the sender's address on the top right hand side of the page.

Reference
The reference does not exist in personal letters.

2. Date

- ➢ The date is optional but it is better to include it as it provides a clear indication as to when the letter was written.

Inside address or *receiver's address*
The inside or receiver's address is usually omitted.

Attention line
The attention line does not exist in personal letters.

3. Greeting or salutation

- ➢ First names are generally used and sometimes, depending on the relationship between the sender and the receiver, diminutive forms of names like *Dick* for Richard and *Beth* for Elizabeth are used;
- ➢ Nicknames can also be used.

Subject line or subject title
The subject line or subject title does not exist in personal letters.

4. Corpo/texto da carta

➢ O tom é bastante descontraído e podem ser utilizadas abreviaturas e diminutivos.

5. Despedida

➢ A despedida depende da relação entre a pessoa que envia a carta e a pessoa que a recebe;
➢ Seja qual for o caso, a despedida é sempre muito informal, por exemplo, "Cumprimentos", "Com as melhores saudações" para aqueles que não são muito próximos, e "Até breve", "Com amor", "(Com) todo o meu amor" para uma despedida mais íntima.

Assinatura
A assinatura não é necessária numa carta pessoal.

6. Nome

➢ Neste tipo de carta, o primeiro nome é suficiente. O nome pode aparecer sob a forma de um diminutivo ou mesmo de uma alcunha;
➢ Não se menciona o cargo do remetente.

7. Informação adicional

➢ Numa carta pessoal não se utiliza(m) o(s) "Anexo(s)";
➢ Porém, por vezes é necessário incluir informação adicional. Neste caso, podemos, no final da carta, recorrer à expressão **PS** (PostScript, do latim *Postscriptum*), para chamar a atenção do leitor.

4. Body of the letter

➢ The tone is very relaxed and abbreviated and diminutive forms are acceptable.

5. Complimentary close

➢ The complimentary close will depend on the relationship between the sender and the receiver;
➢ Whatever the case, it will be very informal, for example, "Regards", "Best wishes" for those who are not very close, and "See you", "Love you", "All my love" etc. for a more intimate ending.

Signature
The signature is not required.

6. Name

➢ The first name is sufficient for this type of letter and it can be in diminutive form or be a nickname;
➢ Titles are definitely not used.

7. Additional information

➢ "Enc(s)" will not appear on a personal letter;
➢ However, sometimes it is necessary to include additional information at the end. In this case, **PS** (**P**ost**S**cript, from the Latin *Postscriptum*) is written to draw the reader's attention.

3. Endereçar um Envelope

a) As seguintes informações devem ser apresentadas em linhas separadas:

- ➢ nome do destinatário, quer seja o nome de uma pessoa ou de uma empresa;
- ➢ número e rua;
- ➢ cidade;
- ➢ condado (UK) ou estado (US);
- ➢ código postal;
- ➢ país.

b) Código postal

- ➢ O código postal britânico é escrito no fim do endereço, se for uma carta para o próprio país;
- ➢ É colocado no **fim** do endereço e **antes** do país de destino, se for uma carta internacional;
- ➢ O código postal é sempre escrito **numa linha distinta**;
- ➢ Utilizam-se **MAIÚSCULAS** para escrever o código postal.

c) Pontuação

- ➢ Pode utilizar-se uma **pontuação fechada**, ou seja, colocar uma vírgula no final de cada linha e um ponto final a seguir à cidade ou condado;
- ➢ Podemos também optar por uma **pontuação aberta**, ou seja, colocar uma única vírgula depois da cidade e um ponto final a seguir ao condado;
- ➢ Devemos sempre colocar uma vírgula **depois do número** (o número vem sempre **antes da rua**).

3. Addressing an Envelope

a) Use separate lines for:

- ➤ the name of the receiver, either an individual or a company;
- ➤ the number and street;
- ➤ town or city;
- ➤ county (UK) or state (US);
- ➤ postcode;
- ➤ country.

b) The postcode

- ➤ The British postcode is written **below** the address on a national letter;
- ➤ It is placed **below** the address and **above** the country of destination on an international letter;
- ➤ It is always placed **on a line by itself**;
- ➤ Use **BLOCK CAPITALS** to write the postcode.

c) Punctuation

- ➤ A **closed punctuation** style can be used. This is when a comma is placed at the end of each line ending with a full stop at the town/city or county;
- ➤ An **open punctuation** style can be used. This is when a comma is placed only after the city and ending with a full stop at the county;
- ➤ Always place a comma **after the number** (the number always comes **before the street**).

Exemplo 2.4: **Endereçar um envelope com uma pontuação aberta**

SS Carson
Marketing Manager
Storiant Company Limited
20, James Street
Ilford,
Essex.
EC2K

Example 2.4: **Addressing an envelope in open punctuation style**

SS Carson
Marketing Manager
Storiant Company Limited
20, James Street
Ilford,
Essex.
EC2K

Key Vocabulary	Vocabulário Chave
Addressee	Destinatário
Attention line	Ao cuidado de, À atenção de
Blocked letter	Carta bloqueada
Body of the letter	Corpo/texto da carta
Complimentary close	Despedida
County	Condado
Courtesy title	Título de cortesia
Date	Data
Enclose	Enviar em anexo
Enclosure	Anexo
Greeting, salutation	Cumprimento, saudação
Indented letter	Carta com reentrâncias
Inside/receiver's address	Endereço/morada do destinatário
Postcode	Código postal
Printed letterhead	Cabeçalho
Receiver	Destinatário
Reference	Referência
Sender	Remetente
Signature	Assinatura
State	Estado
Subject line/title	Assunto
Title	Cargo
Formal phrases	**Expressões formais**
We have pleasure in ...	É com todo o prazer que ...
Thank you for your letter of...	Agradeço/agradecemos a vossa carta de ...
Do not hesitate in contacting us...	Não hesite em contactar-nos...
Informal phrases	**Expressões informais**
I am writing this letter ...	Estou a escrever esta carta ...
I want to thank you...	Quero agradecer-te/lhe/vos ...
Let me know soon ...	Diz-me/diga-me qualquer coisa com brevidade...

Abbreviations and Acronyms	Abreviaturas e Acrónimos
ATTN = Attention	ATTN = A/C = Ao cuidado de, À atenção de
Enc(s)/Encl(s) = Enclosure(s)	Enc(s)/Encl(s) = Anexo(s)
Esq. = Esquire	Esq. = Senhor
Messrs = *Messieurs*	Messrs = *Messieurs* = Exmos Senhores
p.p. = *Per procurationem*	p.p. = Por procuração, em nome de, pela/o (pel')
PS = Postscript (Latin: *Postscriptum*)	PS = *Postscriptum*
Ref. = Reference	Ref. = Referência

CAPÍTULO III
CORRESPONDÊNCIA SOCIAL

De uma forma geral, os acontecimentos sociais envolvem mais comunicação verbal do que escrita. Dentro das organizações, as reuniões e as discussões cara a cara, as conversas telefónicas com clientes ou representantes das filiais, podem ter resultados e soluções mais rápidos para determinadas situações. Contudo, determinadas situações sociais podem requerer certos tipos de correspondência, que serão analisados neste capítulo.

CHAPTER III

SOCIAL CORRESPONDENCE

Generally speaking, social events involve more verbal than written communication. Within organisations, face to face meetings and discussions can provide quicker results and solutions to certain situations, as can external telephone conversations with clients or branch representatives. However, certain social situations may require some forms of correspondence and these are discussed in this chapter.

1. Programar Encontros e Viagens

A marcação de encontros e a programação de viagens podem ser feitas verbalmente, mas geralmente confirmam-se por escrito. Isto pode dever-se ao facto de a empresa cobrir os custos da viagem e, assim, ter necessidade de incluir os respectivos documentos nos seus arquivos, sobretudo para fins contabilísticos. Outra razão poderá ser o facto de ser necessária uma cópia do programa.

Hoje em dia, o correio electrónico é utilizado mais frequentemente do que a carta, uma vez que é mais rápido e eficaz. Qualquer que seja o tipo de correspondência, o conteúdo deverá ser semelhante. Contudo, como já foi referido num capítulo anterior, o correio electrónico constitui um método menos formal do que a carta.

Exemplo 3.1: **Marcar um encontro por carta**

STORIANT COMPANY LTD
20, James Street, London EC2K
Tel: +071-466 3782 Fax: +071-466 3777

Messrs Carriço & Wilson
Financial Consultants   14 de Dezembro de 2003
Rua de Espinho, 26
Lisboa
Portugal

Caro Sr Lopes,

De acordo com o que combinámos por telefone, estarei de visita à sua capital no Ano Novo, uma vez que tem lugar nessa altura a Conferência Internacional de Marketing. Gostaria de visitar a sua empresa para discutir negócios futuros.

Estarei em Londres entre os dias 6 e 13 de Janeiro. A conferência termina no dia 8, quinta-feira, ao meio-dia. A partir desse momento, estarei disponível para conversar consigo.

Gostaria de saber o dia e a hora que mais lhe convêm.

Aguardo uma resposta sua.

Com os melhores cumprimentos,

Steven Carson

---

1. Appointments and Travel Arrangements

Making appointments and travel arrangements can be done verbally, but most of the time a written confirmation is required. This could be because a representative's company might be covering the costs of the trip and require evidence for their files, as well as an invoice for their accounting procedures. Another reason might be that a hardcopy of the schedules or itineraries might be required.

Nowadays, the e-mail is used more frequently than the letter, as it is quicker and more efficient. Whatever the type of correspondence, the content should be similar. However, as mentioned in a previous chapter, the e-mail is less formal than the letter.

Example 3.1: **Using a letter to make an appointment**

STORIANT COMPANY LTD
20, James Street, London EC2K
Tel: +071-466 3782 Fax: +071-466 3777

Messrs Carriço & Wilson
Financial Consultants   14th December 2003
Rua de Espinho, 26
Lisboa
Portugal

Dear Mr Lopes,

As we discussed over the phone, I shall be visiting your capital in the New Year because of the International Marketing Conference and would like to visit your organisation to discuss further business.

I shall be in Lisbon from the 6th to 13th of January. The conference ends on the 8th, which is a Thursday, at midday. From that moment onwards I shall be available to discuss matters with you.

Could you let me know what day and time would best suit you?

I look forward to hearing from you.

Yours sincerely,

Steven Carson

Exemplo 3.2: **Marcar um encontro por correio electrónico**

Caro Sr Lopes,

Estarei em Lisboa, para a Conferência de Marketing, de 6 a 13 de Janeiro. A conferência termina no dia 8, quinta-feira, ao meio-dia. Depois disso, estarei disponível para conversar consigo.

Gostaria de saber o dia e a hora que mais lhe convêm.

Cumprimentos,

Steven Carson

Example 3.2: **Using an e-mail to make an appointment**

Dear Mr Lopes,

I shall be in Lisbon for the Marketing Conference from 6 to 13 January. The conference ends midday on Thursday 8. After that, I shall be available to discuss matters with you.

Could you let me know what day and time would best suit you?

Regards,

Steven Carson

Exemplo 3.3: **Programar uma viagem por carta**

STORIANT COMPANY LTD
20, James Street, London EC2K
Tel: +071-466 3782 Fax: +071-466 3777

Fortico Hotel
Rua da Liberdade, 26   14 de Dezembro de 2003
Lisboa
Portugal

Exmo/a. Senhor/Senhora,

Vou estar presente na Conferência Internacional de Marketing que terá lugar no vosso hotel. Gostaria, assim, de reservar um quarto individual, com casa de banho, para o período que decorre entre 6 e 13 de Janeiro. Gostaria também que o pequeno almoço estivesse incluído. Como tenciono alugar um carro, será possível arranjarem-me um lugar para o estacionar?

Agradecia que respondessem com brevidade a fim de poder fazer o pedido necessário para proceder ao pagamento.

Atenciosamente,

Steven Carson
Director de Marketing

Exemplo 3.4 : **Programar uma viagem por correio electrónico**

Exmo/a. Senhor/Senhora,

Vou estar presente na Conferência Internacional de Marketing e gostaria de reservar por 7 noites, a partir de 6 de Janeiro, um quarto individual com casa de banho, pequeno almoço incluído. Agradecia também que me reservassem um lugar de estacionamento.

Gostaria de saber com brevidade se é possível satisfazer o meu pedido.

Atenciosamente,

Steven Carson
Director de Marketing

STORIANT COMPANY LTD
20, James Street,
London EC2K
Tel: +071-466 3782
Fax: +071-466 3777

Example 3.3: **Using a letter to make travel arrangements**

> **STORIANT COMPANY LTD**
> **20, James Street, London EC2K**
> **Tel: +071-466 3782 Fax: +071-466 3777**
>
> Fortico Hotel
> Rua da Liberdade, 26   14th December 2003
> Lisboa
> Portugal
>
> Dear Sir/Madam,
>
> As I shall be attending the International Marketing Conference to be held at your hotel, I would like to reserve a single room with shower from the 6th to the 13th of January. I would like breakfast to be included. As I shall be renting a car, could you also provide a parking space?
>
> Could you please reply as soon as possible so that I can make the necessary request for payment?
>
> Yours faithfully,
>
> Steven Carson
> Marketing Manager

Example 3.4: **Using an e-mail to make travel arrangements**

> Dear Sir/Madam,
>
> I shall be attending the International Marketing Conference and I would like to book a single room with shower, including breakfast, from 6 January for 7 nights. I also require a parking space.
>
> Let me know a.s.a.p. if this is possible.
>
> Yours faithfully,
>
> Steven Carson
> Marketing Manager
>
> STORIANT COMPANY LTD
> 20, James Street,
> London EC2K
> Tel: +071-466 3782
> Fax: +071-466 3777

2. Convites

Os convites podem ser formais ou informais, dependendo do assunto e da relação existente entre o remetente e o destinatário. Nesta parte são apresentados convites para situações diferentes: acontecimentos sociais, como casamentos e aniversários, e encontros de negócios. A aceitação e a recusa destes convites é também aqui incluída.

É necessário ter presentes os seguintes pontos ao escrever um convite:

1. Convidar para o acontecimento;
2. Informar relativamente à hora, data e local do acontecimento;
3. Pedir uma resposta.

2.1. Convites para acontecimentos sociais e convites de negócios

a) Convites para acontecimentos sociais

Este tipo de convites está associado a casamentos, baptizados, actividades e reuniões oficiais. Estes convites apresentam-se geralmente sob a forma de carta ou de cartão impresso e são escritos na terceira pessoa. O formato destes convites varia de pessoa para pessoa, mas a linguagem não se altera muito (ver o exemplo 3.5). Dentro dos convites para acontecimentos sociais, existem convites mais informais. São geralmente escritos na primeira pessoa e a linguagem utilizada é habitualmente coloquial (ver o exemplo 3.6).

2. Invitations

Depending on the subject and on the relationship between sender and receiver, invitations can be formal and informal. This section presents invitations for different situations: social events, such as weddings and birthdays, and business events. Accepting and declining invitations will also be presented here.

Try to keep in mind the following steps when writing an invitation:

1. Invite the guests;
2. Inform them about the time, date and location of the event;
3. Request a reply.

2.1. Social events and business invitations

a) Invitations for social events

These types of invitations are associated with weddings, baptisms, official functions and gatherings of a similar nature. They are generally written in the form of a letter or in a customised printed card and are written in the third person. The format of these invitation types varies from person to person, but the general wording does not alter greatly (see example 3.5). Invitations for social events can also be written in a more informal manner. They are usually written in the first person and the language used is generally colloquial (see example 3.6).

Exemplo 3.5: **Convite de casamento**

Victoria Sommerfeld   Eugénia Bettencourt
Alfred Sommerfeld   António Bettencourt

convidam V. Exª a testemunhar como

Mary Sommerfeld e **Luis Bettencourt**

partilham o Sacramento do Matrimónio
A cerimónia que celebra esta união terá lugar
no dia 10 de Março às 10:30h
na Igreja de St. Vincent

A cerimónia será seguida de uma recepção.

R.S.V.P.

Exemplo 3.6: **Convite de aniversário**

O meu aniversário é na segunda-feira, dia 10	Gostava que viesses festejar comigo
Vou fazer 18 anos	A festa começa às 3 da tarde
Sou um homem!!!	Por favor telefona para o número indicado a confirmar
	Não te esqueças de me trazer um presente
	237 5919966

Example 3.5: **Wedding invitation**

Victoria Sommerfeld Alfred Sommerfeld	Eugénia Bettencourt António Bettencourt

invite you to witness as their children

Mary Sommerfeld and **Luis Bettencourt**

share the Sacrament of Matrimony
with each other
A Wedding Mass will celebrate this union
on the 10th of March at 10:30 a.m.
at St.Vincent's Church

A reception will follow the ceremony.

R.S.V.P.

Example 3.6: **Birthday invitation**

It's my Birthday next Monday 10th I'm going to be 18 I'm a man !!!!	I would love you to come and celebrate it with me The party begins at 3pm Please phone the number below to confirm Don't forget to bring me a present 237 5919966

b) Convites de negócios

Os convites de negócios são geralmente dactilografados numa folha com o nome da empresa. Não é necessário incluir a nota *R.S.V.P.* em convites de negócios.

Exemplo 3.7: **Convite de negócios**

Messrs Carriço & Wilson
Financial Consultants
Rua de Espinho, 26 Lisboa Portugal

Storiant Co. Ltd.
20, James Street,
London.
EC2K   14 de Fevereiro de 2003
England

 Caro Sr Carson,

Gostaríamos de o convidar, a si e aos seus colegas, para assistir ao nosso seminário semi-anual que terá lugar nos dias 23 e 24 de Março. A cerimónia de abertura começará às 10:30h e será seguida de várias sessões de trabalho e mesas redondas. Contamos com a presença de cerca de cinquenta proprietários de pequenos negócios internacionais, consultores financeiros e membros da imprensa local.

Por favor, informe-me se poderá estar presente, para que se possam tomar as devidas providências.

Aguardo com expectativa uma resposta sua.

Com os melhores cumprimentos,

Pedro Lopes
Coordenador

---

b) Business invitations

Business invitations are usually typed on a company letterhead. It is not necessary to include the *R.S.V.P.* notation on business invitations.

Example 3.7: **Business invitation**

Messrs Carriço & Wilson
Financial Consultants
Rua de Espinho, 26 Lisboa Portugal

Storiant Co. Ltd.
20, James Street,
London.
EC2K   14th February 2003
England

Dear Mr Carson,

We would like to invite you and your colleagues to attend our semi-annual seminar on March 23 and 24. The opening ceremony will start at 10:30 am and will be followed by a number of workshops and round tables. About fifty small international business owners, financial consultants and members of the local press are expected to attend.

Please let me know if you will be able to attend so that we can make the necessary arrangements.

I look forward to hearing from you.

Yours sincerely,

Pedro Lopes
Co-ordinator

2.2. Aceitar e recusar convites

a) Aceitar convites

Quando é necessário responder a um convite por carta, é importante não esquecer os seguintes pontos:

1. Mostrar agrado pelo convite;
2. Aceitar o convite;
3. Terminar, referindo contacto futuro.

Exemplo 3.8: **Aceitação de um convite de negócios**

STORIANT COMPANY LTD
20, James Street, London EC2K
Tel: +071-466 3782 Fax: +071-466 3777

Messrs Carriço & Wilson
Rua de Espinho, 26
Lisboa
Portugal   16 de Fevereiro de 2003

Caro Sr Lopes,

É com grande prazer que os meus colegas e eu aceitamos o seu convite para estarmos presentes no vosso seminário semi-anual nos dias 23 e 24 de Março. Estivemos presentes no último seminário e tenho que admitir que foi altamente educativo e informativo.

Seremos cinco a deslocar-nos ao seminário, duas senhoras e três homens. Peço-lhe que escolha um hotel adequado para nós. Faremos uma sessão de trabalho sobre os nossos produtos e serviços, tal como fizemos no ano passado.

Por favor, não hesite em contactar-me se necessitar de qualquer outra informação.

Espero ansiosamente vê-lo no seminário.

Com os melhores cumprimentos,

Steven Carson
Director de Marketing

2.2. Accepting and declining invitations

a) Accepting invitations

When it is necessary to reply to an invitation by letter, keep the following steps in mind:

1. Express appreciation for the invitation;
2. Accept the invitation;
3. End by referring to future contact.

Example 3.8: **A business acceptance**

STORIANT COMPANY LTD
20, James Street, London EC2K
Tel: +071-466 3782 Fax: +071-466 3777

Messrs Carriço & Wilson
Rua de Espinho, 26   16th February 2003
Lisboa
Portugal

Dear Mr Lopes,

It is with great pleasure that my colleagues and I accept your invitation to attend your semi-annual seminar on March 23 and 24. We attended the previous one and I must admit it was highly educational and informative.

We shall be five travelling to the seminar, two ladies and three gentlemen. I will leave the choosing of a suitable hotel up to you. We shall, as we did last year, be providing a workshop on our own products and services.

Please do not hesitate to contact me should you require further information.

I look forward to seeing you at the seminar.

Yours sincerely,

Steven Carson
Marketing Manager

---

b) Recusar convites

Ao recusar um convite, deve-se ser breve e sincero. É necessário apresentar uma razão para se recusar. É importante ter presentes os seguintes pontos:

1. Mostrar agrado relativamente ao convite;
2. Recusar o convite, explicando por que motivo não poderá estar presente.

Exemplo 3.9: **Recusa de um convite de negócios**

STORIANT COMPANY LTD
20, James Street, London EC2K
Tel: +071-466 3782 Fax: +071-466 3777

Messrs Carriço & Wilson
Financial Consultants
Rua de Espinho, 26
Lisboa   16 de Fevereiro de 2003
Portugal

Caro Sr. Lopes,

Agradeço o convite para estar presente no vosso seminário anual que terá lugar nos dias 23 e 24 de Março. Infelizmente, não poderei ir porque já tenho um compromisso para essa altura.
Não esqueço o seu amável convite e espero encontrá-lo em breve.

Com os melhores cumprimentos,

Steven Carson
Director de Marketing

---

b) Declining invitations

When declining an invitation, keep it short and sincere. It is necessary to give a reason why you are declining. Try to keep in mind the following steps:

1. Express appreciation for the invitation;
2. Decline the invitation explaining why you will not be able to attend.

Example 3.9: **A business declination**

STORIANT COMPANY LTD
20, James Street, London EC2K
Tel: +071-466 3782 Fax: +071-466 3777

Messrs Carriço & Wilson
Financial Consultants
Rua de Espinho, 26   16th February 2003
Lisboa
Portugal

Dear Mr Lopes,

Thank you for the invitation to attend your annual seminar on March 23 and 24. Unfortunately, I will not be able to be present, as I have a prior engagement on those days.

I will keep your thoughtful invitation in mind and hope to meet you at a later date.

Kindest regards,

Steven Carson
Marketing Manager

---

3. Parabéns/Felicitações

Ao escrever um cartão ou uma carta de parabéns, é importante ter em conta estes pontos:

1. Felicitar o receptor;
2. Desejar os melhores votos para o futuro;
3. Se for pertinente, mostrar disponibilidade para um contacto futuro.

a) Felicitações informais

Este tipo de felicitações está associado a realizações pessoais, aniversários e acontecimentos de natureza semelhante. Aparece geralmente escrito na primeira pessoa e tem habitualmente o formato de uma carta ou de um postal.

O conteúdo das felicitações informais varia consideravelmente e depende, em grande parte, da criatividade da pessoa que o escreve.

Exemplo 3.10: **Felicitações informais**

PARABÉNS *LICENCIADO*	Muito bem! Completaste o teu curso. Sabemos como deve ter sido difícil. Que o futuro te traga muita saúde, felicidade e amor. Felicidades.

3. Congratulations

When writing a congratulatory card or letter keep these steps in mind:

1. Congratulate the recipient;
2. Offer best wishes for the future;
3. If relevant, provide the opportunity for future contact.

a) Informal congratulations

These types of congratulations are associated with personal achievements, birthdays and events of a similar nature. It is generally written in the first person and is usually in letter or postcard format.

The content of informal congratulations varies considerably and depends greatly on the creativity of the person writing it.

Example 3.10: **Informal congratulations**

CONGRATULATIONS *GRADUATE*	Well done!! You have completed your degree. We know just how difficult it must have been. May the future bring you loads of health, happiness and honey. All the best.

b) Felicitações formais

Tal como as felicitações informais, as felicitações formais estão associadas a realizações e acontecimentos especiais. A principal diferença é a relação entre o(s) emissor(es) e o(s) receptor(es). Geralmente, as felicitações formais são de natureza menos pessoal. São geralmente apresentadas em carta ou em cartão personalizado.

Dar os parabéns ou apresentar felicitações num ambiente de negócios é geralmente formal, uma vez que a maior parte das felicitações vêm de pessoas com posições elevadas dentro de uma organização, embora o reverso também requeira um alto grau de formalidade. Também uma empresa pode felicitar os seus clientes e o contrário pode igualmente acontecer quando uma empresa lança um novo produto ou abre uma nova unidade de serviço de produção (ver exemplo 3.12).

Obviamente que a relação entre as partes envolvidas é também importante no tom da carta e como, na maior parte das vezes, as pessoas envolvidas negoceiam já há algum tempo, o tom pode ser menos formal, pois no mundo dos negócios *é simpático ser-se simpático*".

Exemplo 3.11: **Felicitações formais**

20, Highway Road,
Westminster,
London

12 de Julho de 2003

Caro Sr Smith,

É com grande prazer que o felicito ao completar o seu curso em Engenharia Electrónica na Universidade de Southampton. Sei como este facto orgulha a sua família e a sua terra.

Se alguma vez precisar de conversar comigo sobre futuro emprego ou estudar oportunidades, não hesite em contactar-me.

Com os melhores cumprimentos,

J. Cotton

Jane Cotton *MP*

b) Formal congratulations

Like informal congratulations, formal congratulations are associated with achievements and special events. The major difference between both formats is the relationship between the sender(s) and the receiver(s). Usually, it is formal or less personal in nature. They are usually written in letter or customised card format.

Offering congratulations within a business environment is generally formal as most of the congratulations usually come from those in high positions within an organisation. The reverse would also require a high degree of formality. Congratulations from firms to customers or vice versa could happen when a company has launched a new product or has opened a new unit or production service (see example 3.12).

Obviously, the relationship between those involved will also play a part in the tone of the letter and as most of the time the people involved have already been doing business with each other for some time, a less formal tone may be taken. However, in the business world, *"it's nice to be nice"*.

Example 3.11: **Formal congratulations**

20, Highway Road,
Westminster,
London

12th July 2003

Dear Mr Smith,

It is with great pleasure that I congratulate you on the completion of your Degree in Electro Engineering at the University of Southampton and to add that I am aware that your achievement is one that does your family and Borough proud.

If you should ever need to discuss any matters with me surrounding future employment or study opportunities, please do not hesitate to do so.

Yours sincerely,

J. Cotton

Jane Cotton MP

Exemplo 3.12: **Felicitações de negócios**

STORIANT COMPANY LTD
20, James Street, London EC2K
Tel: +071-466 3782 Fax: +071-466 3777

Messrs Carriço & Wilson
Financial Consultants
Rua de Espinho, 26   23 de Junho de 2003
Lisboa
Portugal

Exmos Senhores,

Gostaríamos de vos dar os nossos sinceros parabéns pela abertura da vossa nova secção no Porto "Analistas e Consultores de Negócios".

Temos a certeza de que esta mudança estratégica colherá sem dúvida compensações no futuro, particularmente devido à vossa perspicácia no mundo de negócios em Portugal.

Esperamos ter notícias do vosso sucesso no Porto e continuamos orgulhosos por estarmos associados a vós.

Atenciosamente,

A. Evans

Anthony Evans
Director de Gestão

Example 3.12: **Business congratulations**

STORIANT COMPANY LTD
20, James Street, London EC2K
Tel: +071-466 3782 Fax: +071-466 3777

Messrs Carriço & Wilson
Financial Consultants
Rua de Espinho, 26   23rd June 2003
Lisboa
Portugal

Dear Sirs,

I would like to offer you my heart felt congratulations on the opening of your new "Business Analysts and Consultants" branch in Oporto.

I am sure that this strategic move will no doubt reap new rewards in the future, particularly as your professional acuteness is second to none within the Portuguese business climate.

We look forward to reading about your business success in Oporto and remain proud to be associated with you.

Yours faithfully,

A. Evans

Anthony Evans
Managing Director

Key Vocabulary	Vocabulário Chave
Accept	Aceitar
Achievement	Realização
Attend	Estar presente
Baptism	Baptismo
Best wishes	Os melhores votos
Birthday	Aniversário
Book	Reservar
Celebrate	Celebrar
Ceremony	Cerimónia
Confirmation	Confirmação
Congratulate	Felicitar, dar os parabéns
Congratulatory card	Cartão de parabéns
Congratulations …	Parabéns ...
Decline	Recusar
Engagement	Compromisso
Gathering	Reunião
Itineraries	Itinerários
Official functions	Actividades oficiais
Parking space	Espaço para estacionamento
Rent a car	Alugar um carro
Reception	Recepção
Round table	Mesa redonda
Reserve	Reservar
Schedule	Programa, plano, horário
Seminar	Seminário
Single room	Quarto individual
Trip	Viagem
Wedding	Casamento
Workshop	Sessão de trabalho

Phrases	Expressões
As I shall be visiting ...	Como estarei de visita ...
Could you please let me know …	Poderia, por favor, informar-me ...
I am afraid that I will not be able to attend ... as...	Receio não poder estar presente...porque...
I am looking forward to attending ...	Espero poder estar presente ...
I look forward to seeing you ...	Espero vê-lo ...
I regret that I am not able to attend ... as ...	Lamento não poder estar presente... uma vez que...
I shall be arriving …	Chegarei ...
I sincerely appreciate your asking me to ...	Agradeço sinceramente ter-me pedido para...
I would appreciate it if you could let me know if you are planning to attend.	Gostaria que me informasse se tenciona estar presente.
I would be delighted to attend ...	Gostaria de estar presente ...
I would be delighted to come to ...	Gostaria de ir a ...
I would be grateful if you could inform me if you can attend ...	Agradeço se me puder informar se pode estar presente ...
I would like to book …	Gostaria de reservar ...

I would like to book ...	Gostaria de reservar ...
I would like to congratulate you on ...	Gostaria de a/o felicitar por...
I would like to invite you to ...	Gostaria de a/o convidar para ...
I would like to offer my ...	Gostaria de oferecer a/o minha/meu ...
Is it possible to find out the time...?	É possível encontrar oportunidade para ...?
It is with the greatest pleasure that...	É com o maior prazer que...
Please reply a.s.a.p. ...	Por favor responda logo que possível ...
Please confirm your attendance by phone.	Por favor confirme a sua presença por telefone.
Please let me/us know if you are able to attend ...	Por favor informe-me/nos se pode estar presente ...
Thank you for your invitation to attend ... which I received ... [date] ...	Obrigado pelo vosso convite para estar presente ... que recebi ... (data) ...
The ... will be held on ... at ... at ...	A/O ... terá lugar na/no ... às ... em ...
Unfortunately, I will not be able to attend ... as...	Infelizmente, não poderei estar presente...uma vez que...
We are pleased to invite you to ...	Temos o prazer de a/o convidar para ...
We would be delighted if you could attend ...	Ficaríamos encantados se pudesse estar presente ...
Well done	Parabéns, Muito bem
You are cordially invited to ...	Está cordialmente convidada/o para ...

Abbreviations and Acronyms	**Abreviaturas e Acrónimos**
am = *ante meridiem* = in the morning	am = *ante meridiem* = de manhã
A.S.A.P. = As Soon As Possible	A.S.A.P. = Logo que possível
Co. = Company	Co. = Empresa
Ltd. = Limited	Ltd. = Lda. (Limitada)
MP = Member of Parliament	MP = Membro do Parlamento, deputado
R.S.V.P. = *Répondez S'il Vous Plait* = Reply if you please	R.S.V.P. = *Répondez S'il Vous Plait* = Responda se faz favor

CAPÍTULO IV

CANDIDATAR-SE A UM EMPREGO

Hoje em dia, o emprego é um dos principais desafios com que se defronta a União Europeia. A necessidade de uma acção firme e constante nunca foi tão grande. Com o alargamento da União Europeia em 2004, a candidatura a um emprego torna-se ainda mais competitiva. Como resultado desta crescente competitividade no mercado de trabalho, é fundamental que uma candidatura seja feita de forma profissional e atraente. O primeiro objectivo de qualquer processo de candidatura é preparar um *curriculum vitae* (CV) e uma carta de candidatura de tal forma que se consiga chegar à fase da entrevista.

Num processo de candidatura a um emprego, é fundamental que o candidato dê uma boa imagem de si próprio.

Numa candidatura a um emprego, é importante ter em conta os seguintes pontos:

1. Redija a carta e o CV de forma a tornar a informação pertinente para essa candidatura específica;

2. Dê a sua candidatura a ler a outra pessoa, de preferência a duas pessoas: alguém que o conheça bem e que seja capaz de reconhecer aspectos valorizadores ou áreas de experiência que não tenham sido incluídos, e outra pessoa que o conheça menos bem e que lhe possa dizer se a candidatura é convincente;

CHAPTER IV

APPLYING FOR A JOB

Employment, these days, is one of the primary challenges facing the European Union. The need for firm and sustained action on this front has never been greater. With the further enlargement of the EU in 2004, applying for a job will become even more competitive. As a result of this increasing competitiveness within the employment market, it is vital that you apply in a professional and attractive manner. The first objective of any application process is to prepare a *curriculum vitae* (CV) and letter of application, in such a manner, that you will be requested to attend the interview stage.

In any job application process, it is essential for the applicants to give a good account of themselves.

Keep in mind the following points when applying for a job:

1. Remember to amend each letter and CV to make the information relevant for that particular application;

2. Get someone else to read your application through, maybe two people: someone who knows you well and who could comment on any strengths or areas of experience you have missed out, and someone who knows you less well, who could tell you whether they would be impressed by your application;

3. É importante ter cópias dos seus diplomas para o caso de os ter de enviar juntamente com a sua candidatura;

4. Outro ponto muito importante é ter duas pessoas que possam dar referências a seu respeito. Hoje em dia, é muito comum as empresas internacionais pedirem essa informação.

1. O Anúncio

O anúncio é importante, na medida em que contém informação pertinente e essencial para a candidatura a um emprego. "Ad/Advert/ /Advertisement" são termos utilizados para designar o mesmo. No entanto, a palavra "advertisement" é mais adequada para circunstâncias formais. Um anúncio fornece, geralmente, os seguintes elementos:

1. O tipo de organização da entidade empregadora;

2. Uma descrição do emprego anunciado;

3. As habilitações necessárias para que os interessados se possam candidatar ao emprego;

4. O método a seguir para uma possível candidatura.

3. Don't forget to have all copies of your diplomas at hand in case you have to forward them with your application;

4. Another very important point is to find two people you can use as referees. Nowadays, it is very common for international firms to request such information.

1. The Advertisement

The advertisement is important because it contains information that is relevant and essential in order to be successful in applying for the job. **Ad/Advert/Advertisement** are words used to mean the same. However, the word "advertisement" is more suitable in formal circumstances. Advertisements usually provide the following information:

1. The type of organisation the potential employer is;

2. A description of the position being offered;

3. The necessary qualifications that are required for the job;

4. The method in which to apply for the job.

Exemplo 4.1: **Anúncio para Assistente de Contabilidade**

Assistente de Contabilidade

Haverá um estágio de seis meses, durante o qual o trabalhador receberá um salário de cerca de £13,000 por ano MAIS despesas.

Depois do estágio, passará a ter um salário mais elevado com benefícios adicionais. Será também integrado no nosso plano de reforma, bem como no de assistência na doença.

O candidato deverá possuir uma licenciatura numa área afim e ter entre 20 e 35 anos.

Se está interessado em apostar numa carreira na área da contabilidade num ambiente estimulante e dinâmico, envie o seu *curriculum* acompanhado de uma carta de apresentação para a morada que se segue.

Para mais informações, telefone para o número a seguir indicado.

Director de Recursos Humanos,
Tennison & Son Ltd,
31, Purple Av.,
London W1
Tel: 027-629-7656

> *Anúncio incluído no jornal **The Daily Informer** de 26 de Abril de 2003 a oferecer um lugar de Assistente de Contabilidade*

Example 4.1: **Advertisement for Accounts Assistant**

Accounts Assistant

A six months' induction and field training scheme when you will be paid a salary at the rate of £ 13,000 p.a. PLUS expenses.

After training you will have the opportunity to earn a higher salary with service increments. You will also be incorporated into our pension fund and sickness benefit scheme.

You should be educated to graduate level in a related area, be between the ages of 20 and 35.

If you would like a career in a vibrant and busy accounting environment, then please forward your full CV with covering letter to the address below.

If you require further information you can ring the number provided below.

**Personnel Manager,
Tennison & Son Ltd,
31, Purple Av.,
London W1
Tel: 027-629-7656**

Advertisement from **The Daily Informer** *of the 26th April 2003 offering a position as Accounts Assistant.*

Exemplo 4.2: **Anúncio para Secretária/o Bilingue**

Secretária/o Bilingue

Empresa americana precisa de Secretária/o Bilingue para um novo escritório sediado em Lisboa. O candidato deverá ser bilingue em Português e Inglês; seria vantajoso que o candidato falasse mais uma ou duas línguas europeias. Oferece-se um salário competitivo, um conjunto de regalias e ainda o desafio de poder crescer dentro deste grupo internacional em expansão, a jovens entre os 19 e os 24 anos de idade, com excelentes aptidões de secretária/o, capacidade de comunicar, personalidade relevante e elevados padrões éticos.

A empresa rege-se pelos princípios da Igualdade de Oportunidades.

O nosso agente é:

The European Cable Group,

Ave. De Mont Soir,

3334 Berne,

Switzerland

As candidaturas deverão ser endereçadas, com fotografia, ao Director Internacional de Marketing.

---

*Anúncio incluído no **Weekly News** de 16 de Março de 2003 a oferecer um lugar de Secretária/o Bilingue*

Example 4.2: **Advertisement for a Bilingual Secretary**

Bilingual Secretary

A well-established American company requires a Bilingual Secretary for their new office in Lisbon. The applicant must be bilingual in Portuguese and English; one or more other European language would be welcomed. Competitive salary and good benefits package, with a challenge to grow within this expanding international group, are offered to 19-24 year olds with excellent secretarial skills, the ability to communicate, an outgoing personality and high ethical standards.

The Company is an Equal Opportunities Employer.

> Our agent is:
> *The European Cable Group,*
> *Ave. De Mont Soir,*
> *3334 Berne,*
> *Switzerland*

Applications with photograph should be addressed to the International Marketing Manager.

---

*Advert from **The Weekly News** of 16 March 2003 offering a position as Bilingual Secretary*

2. A Carta de Candidatura

A carta de candidatura é uma carta de introdução em que o candidato se apresenta e candidata a um determinado emprego. Esta carta é geralmente designada por **carta de apresentação**. É uma parte importante do processo de candidatura, uma vez que é a primeira informação que a potencial entidade empregadora possui, fornecendo uma avaliação global da identidade do candidato. Deve, por isso, ser apresentada de forma precisa, concisa e clara.

Exemplo 4.3: **Carta de apresentação em resposta ao anúncio 4.1**

12, George St.,
Edinburgh
ED9RJ

Tennison & Son Ltd,
31, Purple Av.,
London W1

26 de Abril de 2003

A/C: Director de Recursos Humanos

Exmos Senhores,

Acabei de ler o vosso anúncio no jornal *Daily Informer* de hoje para um "Assistente de Contabilidade" e gostaria de me candidatar.

Em anexo, envio o meu *curriculum vitae* detalhado. Como podem ver, de momento estou a trabalhar num ambiente de negócios que inclui a deslocação a muitas dependências dentro do país. Contudo, estou interessado em mudar para um lugar que envolva contabilidade e gestão, uma vez que foi esta a área que escolhi para me licenciar e é aquela que oferece melhores perspectivas numa carreira futura. Sei que o estágio me dará a oportunidade de provar as minhas verdadeiras capacidades.

No lugar que ocupo de momento, terei que avisar a empresa um mês antes de me despedir.

Espero que considerem a minha candidatura favoravelmente e aguardo com expectativa uma resposta vossa.

Atenciosamente,

P. Potter

Peter Potter

Anexo

2. The Letter of Application

The letter of application is the introductory letter that is written when requesting to be considered for a particular job. It is commonly known as the **covering letter**. It is an important part of your application process because it is the first item a potential employer will read and provides an overall evaluation as to your identity. Therefore, it should be presented in a precise, concise and clear manner.

Example 4.3: **Covering letter in reply to advert 4.1**

12, George St.,
Edinburgh
ED9RJ

Tennison & Son Ltd,
31, Purple Av.,
London W1

26th April 2003

Attn: Personnel Manager

Dear Sirs,

I have just seen your advertisement for "Accounts Assistant" in today's *Daily Informer* and I would like to apply for the position.

Please find enclosed my full *curriculum vitae*. As you can see, I am presently working in a general business environment which includes travelling to many branches nationwide. However, I am interested in changing to a position that involves accounting and management duties as it was my chosen area of undergraduate studies and which undoubtedly offers better career prospects. I know that your training scheme will provide me with the opportunity to prove to you my true potential.

My present position requires one month's notice.

I hope you consider my application favourably and I look forward to hearing from you.

Yours faithfully,

P. Potter

Peter Potter
Enc.

Exemplo 4.4: **Carta de apresentação em resposta ao anúncio 4.2**

Rua Vasco da Gama, 25
3000-222 Coimbra
Portugal

The European Cable Group,
Ave. De Mont Soir,
3334 Berne,
Switzerland   18 de Março de
2003

A/C: Director de Marketing Internacional

Exmo/a Senhor/a:

Estou a escrever em resposta ao vosso anúncio para uma/um secretária/o bilingue no jornal *Weekly News* de 16 de Março.

Tenho 24 anos de idade. Depois de terminar a minha licenciatura em Gestão de Recursos Humanos, fiz com aproveitamento os seguintes exames de língua inglesa de Cambridge: *First Certificate* e *Proficiency*. Depois, durante um ano, estudei em Londres, na instituição *Lucas Secretarial School*, cujo curso acabei, conseguindo alcançar 120 palavras por minuto em estenografia e 50 palavras por minuto em dactilografia. Tenho também conhecimentos em prática de escritório. O director da escola, Dr John Cummins, concordou em dar referências a meu respeito, caso ache necessário.

O meu pai é português e a minha mãe inglesa, por isso sou fluente em ambas as línguas. Assim, tenho-me interessado pela comunicação internacional e sou membro da Sociedade Linguística Europeia.

Junto envio o meu *curriculum vitae* e gostaria de receber mais informações sobre o emprego.

Aguardo com expectativa uma resposta vossa.

Atenciosamente,

R. W. Bettencourt

Roberto Windsor Bettencourt

Anexo: *Curriculum vitae*

Correspondence Handbook 105

Example 4.4: **Covering letter in reply to advert 4.2**

Rua Vasco da Gama, 25
3000-222 Coimbra
Portugal

The European Cable Group,
Ave. De Mont Soir,
3334 Berne,
Switzerland

18th March 2003

Attn: International Marketing Manager

Dear Sir/Madam,

I am writing about your advertisement for a "Bilingual Secretary" that I saw advertised in the *Weekly News* of 16 March.

I am 24 years old. After completing my Degree in Human Resource Management, I passed the First Certificate and Proficiency Cambridge Examinations. Then, I studied for a year in London at the Lucas Secretarial School, ending with speeds of 120 wpm in shorthand and 50 wpm in typing. I was also trained in office procedures. The principal of the school, Dr John Cummins, has agreed to provide a reference should you require.

My father is Portuguese and my mother English, so I grew up fluent in both languages. As such, I have developed an interest in international communications and I am a member of the European Linguistic Society.

I have enclosed my full *curriculum vitae* for your interest and I should be grateful to receive more information about the position.

I look forward to hearing from you.

Yours faithfully,

R. W. Bettencourt

Roberto Windsor Bettencourt

Enc. *Curriculum vitae*

3. O Curriculum Vitae

O *curriculum vitae* ou CV, como é geralmente designado, destaca em pormenor tudo aquilo que um indivíduo conseguiu alcançar ao longo da vida, sobretudo nos aspectos relevantes da sua vida académica e profissional. Começa por focar informação pessoal específica e, seguidamente, destaca as realizações a nível de educação e a nível de experiência profissional. Deve ainda haver sempre espaço para uma descrição sucinta da forma como o indivíduo ocupa os seus tempos livres. O *curriculum vitae* permite que a entidade empregadora tenha uma ideia global de quem é o indivíduo, o que fez e como o fez. Também dá ao candidato a possibilidade de justificar a informação relevante referida na carta de apresentação.

Não há formatos padrão para a apresentação do *curriculum*. Embora a UE tenha disponibilizado um formato padrão (ver exemplo 4.6) e cada indivíduo possa apresentar o seu *curriculum* de acordo com as suas preferências, relativamente a estrutura e estilo, todos os *curricula* devem conter a informação necessária atrás referida.

3. The Curriculum Vitae

The *curriculum vitae* or CV, as it is commonly known, highlights in detail all the accomplishments that an individual has achieved throughout their lives, in particular their academic and professional lives. It primarily focuses upon specific personal information about an applicant and highlights the educational and professional achievements of that person, as well as their hobbies and interests. Without a CV it would be very difficult for a potential employer to have an overall idea of who you are, what you have done and how well you have done it. It also provides the applicant with an opportunity to support the relevant information that has been written in the covering letter.

There are no standard formats for CVs. Although the EU has provided a standard template (see example 4.6) and each individual has their own preferences towards outline, structure and style, all CVs should hold the specific information mentioned above as well as other secondary information.

Exemplo 4.5: *Curriculum vitae* (não detalhado)

CURRICULUM VITAE
Peter Potter

Dados Pessoais

Data de Nascimento: 2 de Fevereiro de 1976   *Morada*:   12, George St.,
Idade: 26   Edinburgh
Estado Civil: Solteiro   ED9RJ
Telefone: + 021-765-1626   *e-mail*: ppotter@nazoo.com

Habilitações Literárias

Dundee University: Grau de especialização após a licenciatura em Contabilidade
e Finanças;

Dundee College: De momento, frequento o nível intermédio do curso
nocturno da Associação dos Técnicos de Contas e
presto provas no próximo mês.

Experiência Profissional

De 1998 até hoje: Assistente de escritório de uma indústria a retalho.
Responsável pelas vendas e encomendas diárias e pela
preparação dos pagamentos semanais e mensais.

Interesses

Capitão da equipa de futebol Dundee Rangers.
Membro activo do clube de xadrez East Dundee.

Correspondence Handbook

Example 4.5: *Curriculum vitae* (not comprehensive)

CURRICULUM VITAE

Peter Potter

Personal Details

Date of birth: 2 February 1976	*Address:* 12, George St,
Age: 26	Edinburgh
Marital Status: Single	ED9RJ
Phone: +021-765-1626	*E-mail:* ppotter@nazoo.com

Education

Dundee University: Honours Degree (Accounting & Finance)
2.1 class

Dundee College: Presently, I am attending the Association of Accounting
Technicians' (A.A.T.) evening course, Intermediate level,
and shall sit for this examination next month.

Work Experience

1998 – Present Office Assistant for a busy retail industry.
Responsible for the day to day handling of sales and orders
and the preparation of weekly wages and monthly salaries.

Hobbies and Interests

Captain of Dundee Rangers football team.
An active member of the East Dundee chess club.

Exemplo 4.6: **Modelo Europeu de Curriculum Vitae***

MODELO EUROPEU DE
CURRICULUM VITAE

INFORMAÇÃO PESSOAL

Nome   [APELIDO, Nome]
Morada   [Número, rua, código postal, localidade, país]
Telefone
Fax
Correio electrónico

Nacionalidade
Data de nascimento   [Dia, mês, ano]

EXPERIÊNCIA PROFISSIONAL

• Datas (de – até)   [Comece por indicar a experiência profissional mais recente; a cada posto profissional pertinente deverá corresponder uma entrada separada.]
• Nome e endereço do empregador
• Tipo de empresa ou sector
• Função ou cargo ocupado
• Principais actividades e responsabilidades

FORMAÇÃO ACADÉMICA E
PROFISSIONAL

• Datas (de – até)   [Comece por indicar a formação mais recente; a cada curso pertinente que tenha concluído deverá corresponder uma entrada separada.]
• Nome e tipo da organização de ensino ou formação
• Principais disciplinas/competências profissionais
• Designação da qualificação atribuída
• Classificação obtida (se aplicável)

APTIDÕES E COMPETÊNCIAS
PESSOAIS
Adquiridas ao longo da vida ou da carreira, mas não necessariamente abrangidas por certificados e diplomas formais.

    PRIMEIRA LÍNGUA   [Indique primeira língua]

Example 4.6.: **European standard template for a CV***

**EUROPEAN
CURRICULUM VITAE
FORMAT**

PERSONAL INFORMATION

Name	[SURNAME, other name(s)]
Address	[House number, street name, postcode, city, country]
Telephone	
Fax	
E-mail	
Nationality	
Date of birth	[Day, month, year]

WORK EXPERIENCE

- Dates (from – to)   [Add separate entries for each relevant post occupied, starting with the most recent]
- Name and address of employer
- Type of business or sector
- Occupation or position held
- Main activities and responsibilities

EDUCATION AND TRAINING

- Dates (from – to)   [Add separate entries for each relevant course you have completed, starting with the most recent.]
- Name and type of organization providing education and training
- Principal subjects / occupational skills covered
- Title of qualification awarded
- Level in national classification (if appropriate)

PERSONAL SKILLS AND COMPETENCES
Acquired in the course of life and career but not necessarily covered by formal certificates and diplomas.

MOTHER TONGUE	[Specify mother tongue]

Manual de Correspondência

OUTRAS LÍNGUAS

[Indique língua]

- Compreensão escrita   [Indique nível: excelente, bom, elementar.]
- Expressão escrita   [Indique nível: excelente, bom, elementar.]
- Expressão oral   [Indique nível: excelente, bom, elementar.]

APTIDÕES E COMPETÊNCIAS SOCIAIS

Conviver e trabalhar com outras pessoas, em meios multiculturais, em funções onde a comunicação é importante e situações onde o trabalho de equipa é essencial (por exemplo, a nível cultural e desportivo), etc.

[Descreva estas competências e indique o contexto em que foram adquiridas.]

APTIDÕES E COMPETÊNCIAS DE ORGANIZAÇÃO

Por exemplo coordenação e gestão de pessoas, projectos, orçamentos; no trabalho, em trabalho voluntário (por exemplo, a nível cultural e desportivo) e em casa, etc.

[Descreva estas competências e indique o contexto em que foram adquiridas.]

APTIDÕES E COMPETÊNCIAS TÉCNICAS

Com computadores, tipos específicos de equipamento, máquinas, etc.

[Descreva estas competências e indique o contexto em que foram adquiridas.]

APTIDÕES E COMPETÊNCIAS ARTÍSTICAS

Música, escrita, desenho, etc.

[Descreva estas competências e indique o contexto em que foram adquiridas.]

OUTRAS APTIDÕES E COMPETÊNCIAS

Competências que não tenham sido referidas acima.

[Descreva estas competências e indique o contexto em que foram adquiridas.]

CARTA(S) DE CONDUÇÃO

INFORMAÇÃO ADICIONAL

[Inclua nesta rubrica qualquer outra informação pertinente: por exemplo, pessoas de contacto, referências, etc.]

ANEXOS

[Enumere os anexos ao CV se aplicável.]

*Localizado em http://www.cedefop.eu.int/transparancy/cv_format_pt.doc

Correspondence Handbook 113

OTHER LANGUAGES

[Specify language]
- Reading skills   [Indicate level: excellent, good, basic.]
- Writing skills   [Indicate level: excellent, good, basic.]
- Verbal skills   [Indicate level: excellent, good, basic.]

SOCIAL SKILLS
AND COMPETENCES

Living and working with other people, in multicultural environments, in positions where communication is important and situations where teamwork is essential (for example culture and sports), etc.

[Describe these competences and indicate where they were acquired.]

ORGANISATIONAL SKILLS
AND COMPETENCES

Coordination and administration of people, projects and budgets; at work, in voluntary work (for example culture and sports) and at home, etc.

[Describe these competences and indicate where they were acquired.]

TECHNICAL SKILLS
AND COMPETENCES

With computers, specific kinds of equipment, machinery, etc.

[Describe these competences and indicate where they were acquired.]

ARTISTIC SKILLS AND
COMPETENCES

Music, writing, design, etc.

[Describe these competences and indicate where they were acquired.]

OTHER SKILLS AND
COMPETENCES

Competencies not mentioned above.

[Describe these competences and indicate where they were acquired.]

DRIVING LICENCE(S)

ADDITIONAL INFORMATION

[Include here any other information that may be relevant, for example contact persons, references, etc.]

ANNEXES

[List any attached annexes.]

*Located at http://www.cedefop.eu.int/transparancy/cv_format_en.doc

4. Confirmação e Recusa de Emprego

Uma vez enviada a carta de candidatura e respectivo *curriculum vitae*, o passo seguinte é esperar. Duas coisas podem acontecer nesta altura, ou é pré-seleccionado e chamado para uma entrevista, o que significa que há hipóteses de vir a ocupar o lugar, ou não lhe é comunicado nada. A maior parte das empresas respondem apenas aos candidatos com possibilidade de vir a ocupar o lugar na empresa; aqueles que não são seleccionados não são normalmente contactados.

Depois da entrevista, as empresas devem informar o candidato, por escrito, relativamente ao facto de este ter sido ou não bem sucedido. Seguidamente, encontra exemplos relativos às várias situações possíveis.

a) Confirmação

Tenha presentes os seguintes passos ao escrever uma **carta de confirmação**:

1. Informe o candidato relativamente ao sucesso obtido;

2. Indique a data e a hora de início de funções;

3. Dê as boas-vindas ao candidato.

4. Confirmation and Rejection of Employment

Once your letter of application and CV have been sent to the prospective employer the next step in the process is to wait and hope. Two things can happen at this stage: either you will be short-listed and called for an interview, which is evidence that your application has a chance, or then you will hear nothing. Most companies only reply to those who they wish to meet and unsuccessful applicants are not normally contacted.

After the interview stage, firms are obliged to let you know in writing whether or not you have been successful with your application. On the following pages you will find examples of both these possible outcomes.

a) Confirmation

Keep in mind the following steps when writing a **letter of confirmation**:

1. Inform the applicant of their success;

2. Define start date and time;

3. Welcome the applicant to the organisation.

Exemplo 4.7: **Carta a confirmar emprego**

The European Cable Group
Ave. De Mont Soir, 3334 Berne Switzerland
Tel.+451 4556788 Fax. +451 4556789

Rua Vasco da Gama, 25
3000-222
Coimbra
Portugal   26 de Março de 2003

Caro Sr Bettencourt,

Tenho o prazer de o informar que a sua entrevista correu muito bem e, por isso, virá a ocupar o lugar a que se candidatou, Secretário Bilingue.

Deverá apresentar-se ao Sr. Fairchild na próxima segunda-feira, dia 10 de Abril, às 9:30. Por favor, pergunte por ele na recepção quando chegar.

Gostaria de aproveitar esta oportunidade para lhe dar as boas-vindas ao nosso grupo animado e entusiasta.

Com os melhores cumprimentos,

John Blacksmith
Director de Marketing

Correspondence Handbook

Example 4.7: **Letter confirming employment**

The European Cable Group
Ave. De Mont Soir, 3334 Berne Switzerland
Tel.+451 4556788 Fax. +451 4556789

Rua Vasco da Gama, 25
3000-222
Coimbra
Portugal   26th March 2003

Dear Mr Bettencourt,

I have pleasure in informing you that your interview stage went very well and as a result you have been successful in your application for the post of Bilingual Secretary.

You are requested to report to Mr Fairchild at 09:30 next Monday the 10th of April.
Please ask for him at the reception desk when you arrive.

I would like to take this opportunity to welcome you aboard our lively and enthusiastic group.

Yours sincerely,

John Blacksmith
Marketing Manager

---

b) Recusa

Tenha presentes os seguintes pontos ao escrever uma **carta de recusa**:

1. Informe o candidato, de forma subtil, relativamente à sua não aceitação. É importante evitar a utilização de palavras como: "rejeitado" "não adequado", "não suficientemente bom";

2. Refira a dificuldade na selecção e o bom desempenho dos candidatos;

3. Encoraje-os e deseje-lhes boa sorte para o futuro.

b) Rejection

Keep in mind the following steps when writing a **letter of rejection**:

1. Inform the applicant, in a subtle manner, that they have not been selected. It is important not to use words like: "rejected", "not adequate", "not good enough";

2. Mention how difficult it was to select a candidate due to the high standard;

3. Offer encouragement and wish them well for the future.

Exemplo 4.8: **Carta a recusar emprego**

Tennison & Sons Ltd
31, Purple Av. London W1
Tel. 027 6297656

12, George St,
Edinburgh
ED 9RJ

4 de Abril de 2003

Caro Sr Potter,

Devo informá-lo de que não foi bem sucedido na sua candidatura ao lugar de Assistente de Contabilidade.

Como sabe, os candidatos pré-seleccionados eram muito bons mas, infelizmente, apenas um podia ser escolhido, a pessoa que melhor preenchesse os requisitos para o lugar.

Estou certo de que uma pessoa com as suas qualidades em breve encontrará um emprego adequado.

Desejo-lhe o maior sucesso em candidaturas futuras.

Com os melhores cumprimentos,

Geoffrey Gordon Brown
Director de Recursos Humanos

Example 4.8: **Letter rejecting employment**

Tennison & Sons Ltd
31, Purple Av. London W1
Tel. 027 6297656

12, George St.,
Edinburgh
ED 9RJ   4th April 2003

Dear Mr Potter,

It is my duty to inform you that you were not successful in your application for the post of Accounts Assistant.

As you are aware, the applicants that were short-listed were of the highest quality but unfortunately, only one could be chosen and that was the person we felt best suited all our requirements.

I am sure it will not be long before someone of your standard will find a suitable position.

I wish you the best in future applications.

Yours sincerely,

Geoffrey Gordon Brown
Personnel Manager

Key Vocabulary	Vocabulário Chave
Accomplishment	Feito, realização
Accounting	Contabilidade
Achievement	Realização
Ad/Advert/Advertisement	Anúncio
Additional information	Informação adicional
Applicant	Candidato
Application	Candidatura
Apply for ...	Candidatar-se a ...
Benefit	Benefício, regalia
Career	Carreira
Competence	Competência
Confirmation	Confirmação
Covering letter	Carta que acompanha e explica um documento
Day by day	Pouco a pouco
Duties	Deveres, tarefas
Employer	Patrão, chefe
Employment	Emprego
Field training	Estágio
Further information	Informação adicional
Goal	Objectivo, finalidade
Graduate	Licenciado
Hobbies	Ocupação de tempos livres
Induction scheme	Período de iniciação, estágio
Interview	Entrevista
Leadership	Liderança
Letter of application	Carta de candidatura
Notice	Aviso, comunicação
Pension scheme	Plano de pensão
Position	Posição, lugar, emprego
Prospects	Perspectivas
Qualifications	Habilitações
Rejection	Recusa
Salary	Salário
Shorthand	Estenografia
Short-listed	Pré-seleccionado
Sickness benefit	Apoio na doença
Skills	Aptidões
Standards	Padrões
Work experience	Experiência profissional

Phrases	**Expressões**
As you are aware ...	Como sabe ...
As you know ...	Como sabe ...
I have just seen ...	Acabei de ver ...
I have pleasure in informing you ...	Tenho o prazer de a/o informar ...
I hope you consider my application favourably.	Espero que considere favoravelmente a minha candidatura.
I hope you will be more successful ...	Espero que seja mais bem sucedida/o...
I look forward to hearing from you.	Aguardo com expectativa uma resposta sua/vossa.
I regret to inform you ...	Lamento informá-la/lo que ...
I wish you all the best for the future.	Desejo-lhe o maior sucesso para o futuro.
I would like to apply for ...	Gostaria de me candidatar a ...
I would like to welcome you ...	Gostaria de lhe dar as boas-vindas ...
It is my duty to inform you...	Devo informá-la/lo que ...
It is with pleasure that ...	É com prazer que ...
Please find enclosed ...	Por favor veja em anexo ...

Abbreviations and Acronyms	**Abreviaturas e Acrónimos**
Attn = Attention	Attn = Ao cuidado de, À atenção de, A/C
Av. = Avenue	Av. = Avenida
C.V. = *Curriculum Vitae*	C.V. = *Curriculum Vitae*
Ltd. = Limited	Ltd. = Lda. (Limitada)
p.a. = Each year *(per annum)*	p.a. = Por ano *(per annum)*
Rd. = Road	Rd. = Estrada
St. = Street	St. = Rua
w.p.m. = Words per minute	w.p.m. = Palavras por minuto

CAPÍTULO V

CORRESPONDÊNCIA COMERCIAL

A correspondência comercial desempenha um papel fundamental na comunicação entre empresas. Uma vez que as transacções nacionais e internacionais são frequentes nos dias de hoje, a correspondência é importante na medida em que permite a troca de informação actualizada de forma precisa e concisa. Além disso, a correspondência permite às empresas guardar um registo escrito de todos os negócios para utilização futura.

O objectivo deste capítulo é analisar a carta como uma forma de correspondência. Isto não significa que a carta tenha que ser enviada por correio postal. Pelo contrário, até é mais provável que a carta seja enviada por correio electrónico para tornar o processo de comunicação mais rápido.

Qualquer que seja o método utilizado, é necessário não esquecer que se está a trabalhar num contexto de negócios e, como tal, uma certa formalidade deve ser utilizada. Assim, é importante ter presentes determinados pontos quando escrevemos uma carta de negócios:

1. Comece por indicar ao leitor o objectivo da carta;

2. Se se trata de uma resposta, indique o assunto e a data na primeira frase ou parágrafo;

CHAPTER V

COMMERCIAL CORRESPONDENCE

Commercial correspondence plays a vital role in the communication stage between companies and their stakeholders. As national and international business dealings are common occurrences these days, correspondence is important as it keeps the exchange of up-to-date information flowing in a precise and concise manner. Also, correspondence is a means of providing written evidence of all business transactions so that it can be accessed at a later date.

The focus of this chapter is to examine correspondence through letter writing. This is not to imply that the traditional postal service would be used to send the letter. On the contrary, it is more likely that the letter would be sent by e-mail, in order to speed up the communication process.

Whichever method is applied, it should not be forgotten that you are working within a business related context and as such, a degree of professional formality should always be applied. In doing so, certain points should be kept in mind when you are corresponding with others:

1. At the very beginning let the reader know what the main purpose is;

2. If you are replying to a letter, identify that letter by its subject and date in the first sentence or paragraph;

3. Escreva parágrafos curtos e concisos num estilo simples e simultaneamente elegante;

4. Coloque estrategicamente a informação importante;

5. Tente sempre manter um tom optimista;

6. Evite utilizar expressões com conotações legais, bem como expressões coloquiais e calão.

1. Pedidos de Informação

O objectivo de um pedido de informação é obter informações relativamente a um produto ou a um serviço. Os pedidos de informação são normalmente escritos como uma resposta a um anúncio que tenha aparecido num jornal, numa revista, ou até mesmo na televisão. Estas cartas são decisivas para quem pretende comprar um produto, ou obter um serviço, e necessita de mais informações antes de tomar uma decisão e fazer a sua escolha.

Os pedidos de informação podem ser feitos por correio electrónico, telegrama, telex, fax e até mesmo por postal. Nestes casos, não é necessário obedecer a um estilo muito formal relativamente à estrutura e à escrita, ou seja, não é obrigatório começar com um cumprimento ou uma saudação e terminar com uma despedida. Contudo, no caso de ser um pedido de informação feito pela primeira vez, se precisarmos de fornecer informações sobre a nossa empresa, então teremos que escrever uma carta.

Estrutura de um pedido de informação

➢ **Cumprimento/saudação**
Exmo. Senhor ou *Exma. Senhora,*
A quem disser respeito (este início é muito formal),
Caro Sr Blond,

3. Keep the paragraphs of most business letters short and to the point while maintaining a simple and polite style;

4. Place important information strategically in business letters;

5. Try to carry a positive tone at all times;

6. Avoid using legal-sounding phrases, as well as colloquial expressions and slang.

1. Enquiries

We write an enquiry when we want to ask for information concerning a product or service we are interested in. Enquiries are often written in reply to an advertisement that we may have seen in the paper, in a magazine or in a commercial on television. These letters are generally written when we are interested in purchasing a product or requiring a service, but would like more information before making a final decision.

Enquiries can be made by e-mail, telegram, telex, fax or postcard. In these cases, it is not compulsory to begin with a salutation and end with a complimentary close. However, in a first-time enquiry, when we need to provide information about our organization, it would be more suitable to write a letter.

Structure of an enquiry

> **Greeting/salutation**
Dear Sir or *Dear M*adam,
To Whom It May Concern (this is very formal),
Dear Mr Blond,

➢ Indicar uma referência
Em referência ao vosso anúncio no/a …
Em relação ao vosso *stand* na feira de mobiliário de Innsbruck …

➢ Apresentação
Somos um grupo de retalhistas …
Somos responsáveis pelo/a …

➢ Pedir um catálogo, um panfleto, etc.
Poderia enviar-me/nos por favor o/a …

➢ Pedir informações adicionais
Gostaria também de saber …
Poderia dizer-me/nos se …

➢ Despedida
Atenciosamente
Com os melhores cumprimentos (é importante não esquecer que a despedida formal *Atenciosamente* deve ser utilizada quando não sabemos o nome da pessoa a quem nos dirigimos; *Com os melhores cumprimentos* é uma das despedidas utilizadas quando sabemos o nome da pessoa a quem nos dirigimos).

➢ Giving reference
With reference to your advertisement in ...
Regarding your stand at the Innsbruck Furniture Fair ...

➢ Presenting yourself
We are a group of retailers...
We are responsible for...

➢ Requesting a catalogue, brochure, etc.
Would (Could) you please send me ...

➢ Requesting further information
I would also like to know ...
Could you tell me whether ...

➢ Complimentary close
Yours faithfully,
Yours sincerely, (remember to use *Yours faithfully* when you don't know the name of the person you are writing to and *Yours sincerely* when you do).

Exemplo 5.1: **Pedido de informação**

Just Price Ltd.
45, Camden Street, London W1
Tel: +44 2086677654 Fax: +44 2087777666

Readyfit Lda.
Rua de Camões, 22   V/ ref:
2000 Lisboa   N/ ref: INQ Lisbon
Portugal

26 de Fevereiro de 2003

A quem disser respeito,

Relativamente ao vosso catálogo de mobiliário que recebi de um cliente vosso, Jason Forthright, gostaria de saber se estão disponíveis para fazer entregas relativas a essa mercadoria.

Somos um grande distribuidor de mobiliário de casa no Reino Unido.

Geralmente trabalhamos com letra de câmbio a 15 dias. Gostaríamos de um desconto comercial de 20% e um desconto de quantidade de 10% uma vez que fazemos grandes encomendas.

Gostaríamos que nos informassem se estas condições vos interessam. Agradecíamos também que nos enviassem o vosso catálogo e a vossa lista de preços mais recente.

Atenciosamente,

Jason Blond
Director de Compras

Example 5.1: **Enquiry**

Just Price Ltd.
45, Camden Street, London W1
Tel: +44 2086677654 Fax: +44 2087777666

Readyfit Lda.
Rua de Camões, 22
2000 Lisboa
Portugal

Your ref:
Our ref: INQ Lisbon

26th February 2003

To Whom It May Concern,

Regarding your catalogue on fine furniture that I received from a client of yours, Jason Forthright, I would like to know if you could supply us with a range of your furniture.

We are a major distributor of household furniture here in The United Kingdom.

We usually deal on a 15-day after sight bill of exchange and would expect a 20% trade discount and 10% quantity discount, especially as our orders will be substantial.

Could you inform us whether these conditions interest you and could you please forward your most up-to-date catalogue and price-list?

Yours faithfully,

Jason Blond
Purchasing Manager

---

2. Respostas a Pedidos de Informação

É muito importante dar uma boa imagem quando respondemos a pedidos de informação de possíveis clientes. Claro que a melhor impressão será fornecer a mercadoria ou proporcionar ao nosso futuro cliente a informação que ele pediu. Esta impressão positiva será ainda melhor se respondermos através de uma carta bem escrita.

É fundamental colocar a morada da empresa na parte superior da carta (podemos também optar por utilizar o cabeçalho da empresa) seguida do endereço da empresa a quem nos dirigimos. A data pode ser escrita imediatamente abaixo, a dois espaços, ou alinhada à direita. Podemos também utilizar uma referência para correspondência futura. Na saudação, é preferível utilizar o apelido do destinatário, por exemplo, Caro *Sr Jones*, uma vez que estamos a escrever a um potencial cliente.

Estrutura de uma resposta a um pedido de informação

> **Cumprimento/saudação**
Caro Sr ou Cara *Sra*, (*Senhora ou Menina*);
MUITO IMPORTANTE: devemos optar por utilizar *Ms* para mulheres a não ser que, em correspondência anterior, tenha sido utilizado o título *Mrs* ou *Miss*).

> **Agradecer ao futuro cliente o seu interesse**
Obrigado pela vossa carta de ... a pedir informações sobre ...
Gostaríamos de agradecer a vossa carta de ... a pedir informações sobre ...

> **Fornecer as informações pedidas**
É com satisfação que vos enviamos em anexo ...
Em anexo encontrarão ...
Enviamos em anexo ...

2. Replies to Enquiries

It is very important to make a good impression when replying to enquiries from potential customers. Of course, the best impression would be to provide the materials or to provide the prospective client with the necessary information that has been asked for. This positive impression would be even more improved by providing a well-written response.

Remember to place your company's address at the top of the letter (or use your company's letterhead) followed by the address of the company you are writing to. The date can either be placed double-spaced down or to the right. You can also include a reference number for further correspondence. In the greeting/salutation it is preferable to use the recipient's surname, e.g. *Dear Mr Jones*, because you are writing to a potential customer.

Structure of a reply to an enquiry

> **Greeting/salutation**

Dear Mr or *Dear Ms*, (*Mrs or Miss*);
VERY IMPORTANT: use *Ms* for women unless asked to use *Mrs* or *Miss*.

> **Thanking the potential customer for their interest**

Thank you for your letter of ... enquiring about ...
We would like to thank you for your letter of ... asking for information about ...

> **Providing requested materials**

We are pleased to enclose ...
Enclosed you will find ...
We enclose...

➢ Fornecer informações adicionais

Gostaríamos também de vos informar ...
Relativamente à vossa questão sobre ...
Em resposta à vossa pergunta sobre ...

➢ Terminar a carta com votos de negócios no futuro

Esperamos ansiosamente por notícias vossas.
Aguardamos com expectativa a vossa encomenda.
Esperamos sinceramente poder dar-vos as boas vindas como futuros clientes.

➢ Despedida

Com os melhores cumprimentos (é importante não esquecer que a despedida formal *Atenciosamente* deve ser utilizada quando não sabemos o nome da pessoa a quem nos dirigimos; *Com os melhores cumprimentos* é uma das despedidas utilizadas quando sabemos o nome da pessoa a quem nos dirigimos).

➤ Providing additional information
We would also like to inform you ...
Regarding your question about ...
In answer to your question (enquiry) about...

➤ Closing a letter encouraging future business
We look forward to hearing from you.
We look forward to receiving your order.
We look forward to welcoming you as our client (customer).

➤ Complimentary close
Yours sincerely, (remember to use *Yours faithfully*, when you don't know the name of the person you are writing to and *Yours sincerely*, when you do).

Exemplo 5.2: **Resposta a um pedido de informação**

Readyfit Lda.
Rua de Camões, 22
2000 Lisboa Portugal
Tel: +351 21664888 Tax: +351 21 664887

Just Price Ltd.
45, Camden Street,   V/ ref: INQ Lisbon
London W1   N/ ref: Inq JP 2222

                                           6 de Março de 2003

Caro Sr Blond,

Muito obrigado pela vossa carta de 26 de Fevereiro na qual eram pedidas informações relativas à possibilidade de compra de mercadorias publicitadas no nosso catálogo.

De facto, não haverá qualquer problema em fornecer-vos artigos da nossa vasta gama de mobiliário, uma vez que já temos uma cadeia bem sucedida de distribuidores internacionais na França e na Alemanha.

Relativamente a encomendas feitas pela primeira vez, o pagamento é sempre feito com letra de câmbio à vista, dinheiro contra documentos; providenciaremos um desconto comercial de 15% e um desconto de quantidade de 5% para encomendas superiores a 200,000 Euros. É claro que estas condições poderão ser revistas assim que as nossas empresas estabelecerem uma relação comercial estável.

Tal como foi pedido, poderão encontrar em anexo o nosso catálogo actual e a nossa lista de preços, com os preços cotados c.i.f. Londres.

Mais uma vez, muito obrigado pela vossa atenção. Espero, brevemente, poder dar-vos as boas vindas como novos clientes.

Com os melhores cumprimentos,

Paulo Rodrigues
Director de Vendas Internacionais

Correspondence Handbook 137

Example 5.2: **Reply to an enquiry**

Readyfit Lda.
Rua de Camões, 22
2000 Lisboa Portugal
Tel: +351 21664888 Fax: +351 21 664887

Just Price Ltd.
45, Camden Street,   Your ref: INQ Lisbon
London W1   Our ref: Inq JP 2222

6th March 2003

Dear Mr. Blond,

Thank you for your letter of 26 February in which you enquired about the possibility of purchasing goods advertised in our catalogue.

There would be no problem in supplying you with furniture items from our wide range, as we already have a successful international chain of distributors within France and Germany.

With first time orders we always deal on a payment by sight draft, cash against documents system and we provide a 15% trade discount and 5% quantity discount for orders over 200,000 Euros. We would of course review these terms and conditions once a firm trading association has been set up between our companies.

As requested, please find enclosed our current catalogue and price list, quoting prices c.i.f. London.

Once again thank you for your interest and I hope to soon welcome you as a client.

Yours sincerely,

Paulo Rodrigues
International Sales Director

---

3. Encomendas

Geralmente, as encomendas são escritas num formulário próprio que as empresas possuem e que contém uma data e um número de referência (ver o exemplo que se segue).

Exemplo 5.3: **Nota de encomenda**

				Encomenda Nº. LIS 2339

Just Price Ltd.
45, Camden Street, London W1
Tel: +44 2086677654 Fax: +44 2087777666

Readyfit Lda.
Rua de Camões, 22
2000 Lisboa
Portugal

Autorizado ....

Quantidade	Descrição dos artigos	Nº Cat.	Preço c.i.f. Londres
200	**Camas de Pinho**: 100 Verniz Escuro/ 100 Verniz Claro	PB 26	300 EUR cada
300	**Cadeiras de Pinho**: 150 Verniz Escuro/ 150 Verniz Claro	PC 28	100 EUR cada
400	**Mesas de Carvalho**: Cor Original	DTO 123	400 EUR cada
500	**Mesas para TV**: Cor de Mogno	TVs 368	150 EUR cada

Observações: Desc. 15% Comercial + 5% Quantidade   Pagmt. D/P Entrega: 3 semanas Data: 09 Março 2003

As encomendas devem ser sempre acompanhadas por uma carta que nos dá a oportunidade de esclarecer alguns tópicos e confirmar algumas condições que tenham sido acordadas (ver exemplo 5.4).

3. Orders

Orders are usually written on a company's official order form, which has a date and a reference number (see example 5.3 below).

Example 5.3: **Order form**

Just Price Ltd. **45, Camden Street, London W1** **Tel: +44 2086677654 Fax: +44 2087777666**			**Order No. LIS 2339**
Readyfit Lda. Rua de Camões, 22 2000 Lisboa Portugal		**Authorised ....**	
Quantity	**Item description**	**Cat. No.**	**Price c.i.f.** **London**
200 300 400 500	**Pine beds**: 100 Dark Varnish/ 100 Clear Varnish **Pine chairs**: 150 Dark Varnish/ 150 Clear Varnish **Oak tables**: Original colour **TV stands**: Mahogany coloured	PB 26 PC 28 DTO 123 TVs 368	300 EUR each 100 EUR each 400 EUR each 150 EUR each
Comments: Disc. 15% Trade + 5% Quantity Pymt. D/P Del. 3 weeks Date: 09 March 2003			

Orders should always be accompanied by a covering letter, as this will provide you with the opportunity to take any necessary points and to confirm the terms that have been agreed (see example 5.4).

Estrutura de uma carta que acompanha uma encomenda

➢ **Cumprimento/saudação**
Caro Sr ou *Cara Sra., (Senhora, Menina)*;
MUITO IMPORTANTE: devemos optar por utilizar *Ms* para mulheres a não ser que, em correspondência anterior, tenha sido sugerido/utilizado o título *Mrs* ou *Miss)*.

➢ **Mencionar a encomenda em anexo**
Por favor veja em anexo ...
Envio, em anexo, ...

➢ **Confirmar condições tais como pagamento; descontos; datas; entrega e embalagem/empacotamento**
Aceitamos as vossas condições, ou seja, ...
Aceito a vossa oferta de um desconto comercial de 15% ...
A mercadoria deve ser embalada/empacotada em ...

➢ **Promover negócios futuros**
Estamos interessados em continuar a nossa relação comercial....
Desde que esta encomenda seja cumprida satisfatoriamente, nós ...

➢ **Terminar a carta**
Aguardamos com expectativa a/o vossa/o confirmação/aviso de recepção.

➢ **Despedida**
*Com os melhores cumprimento*s (é importante não esquecer que a despedida formal *Atenciosamente* deve ser utilizada quando não utilizamos o nome da pessoa a quem nos dirigimos; *Com os melhores cumprimentos* é uma das despedidas utilizadas quando sabemos o nome da pessoa a quem nos dirigimos).

Structure of a covering letter to an order

➢ The Greeting/Salutation
Dear Mr or *Dear Ms* (*Mrs*, *Miss*; VERY IMPORTANT: use *Ms* for women unless asked to use *Mrs* or *Miss*).

➢ Explaining that an order is enclosed
Please find enclosed...
I have enclosed...

➢ Confirming terms such as payment; discounts; dates; delivery and packaging
We accept your terms viz...
I accept your offer of a 15% trade discount...
Goods should be packed in ...

➢ Promoting further business
We shall be interested in continuing to do business with you....
Provided that this order is completed in a satisfactory manner, we...

➢ Closing the letter
We look forward to your acknowledgement/confirmation/advice.

➢ Complimentary close
Yours sincerely (remember to use *Yours faithfully* when you don't use any of the names of the person you are writing to and *Yours sincerely* when you do).

Exemplo 5.4: **Carta que acompanha uma encomenda**

Just Price Ltd.
45, Camden Street, London W1
Tel: +44 2086677654 Fax: +44 2087777666

Readyfit Lda.
Rua de Camões, 22   V/ ref: Inq JP 2222
2000 Lisboa   N/ ref: Order Lis 2339
Portugal

9 de Março de 2003

A/C: Sr. Paulo Rodrigues

Caro Sr Rodrigues,

Por favor veja em anexo o nosso número de encomenda LIS 2339 relativa a artigos de mobiliário seleccionados do vosso catálogo actual.

Decidimos aceitar o vosso desconto comercial de 15%, bem como o desconto de quantidade de 5%; no entanto, e uma vez que pensamos fazer encomendas frequentes e com intervalos regulares, achamos que estas condições têm que ser revistas num futuro próximo.

Aceitamos também as vossas condições de pagamento, ou seja, letra de câmbio à vista, dinheiro contra documentos, mas achamos, mais uma vez, que este assunto tem que ser revisto no futuro. Enviem por favor os documentos necessários e a letra de câmbio para o Banco Boyds, Kidderminster Street, Londres W1.

Uma vez satisfeitas todas as condições, esperamos que este seja o início de uma relação comercial proveitosa.

Aguardamos com expectativa a vossa confirmação.

Com os melhores cumprimentos,

Jason Blond
Director de Compras

Anexo

Example 5.4: **Covering letter to an order**

Just Price Ltd.
45, Camden Street, London W1
Tel: +44 2086677654 Fax: +44 2087777666

Readyfit Lda.
Rua de Camões, 22   Your ref: Inq JP 2222
2000 Lisboa   Our ref: Order Lis 2339
Portugal
                           9th March 2003

Attn: Mr. Paulo Rodrigues

Dear Mr. Rodrigues,

Please find enclosed our order number LIS 2339 for items of furniture selected from your current catalogue.

We have decided to accept your 15% trade discount as well as your 5% quantity discount but we feel that as we plan to place regular orders at regular intervals that these levels should be reviewed in the near future.

We also accept your terms of payment viz. sight draft, documents against payment, but once again we feel that this should be reviewed in the near future. Please forward the necessary documents and draft to Boyds Bank, Kidderminster Street, London W1.

We hope, provided that all criteria are met, that this is the beginning of a fruitful business relationship.

We look forward to your acknowledgement.

Yours sincerely,

Jason Blond
Purchasing Manager

---

4. Pagamentos

a) A factura

Para receber o pagamento de uma mercadoria temos que enviar uma factura ao nosso cliente. Pode tratar-se de um artigo tangível, como por exemplo equipamento que tenhamos vendido, ou um artigo intangível, como por exemplo um serviço que tenhamos prestado.

Uma factura funciona não só como um pedido de pagamento que deverá ser feito dentro de um período de tempo acordado e previamente estipulado, mas também como um registo oficial de uma transacção entre nós e um cliente em particular.

Não há uma estrutura fixa para uma factura e por isso o seu formato é diferente de empresa para empresa. No entanto, a maior parte das facturas contém informações semelhantes (ver o exemplo que se segue).

Exemplo 5.5: **Factura**

<table>
<tr><td colspan="2"></td><td align="center">**FACTURA**</td><td colspan="2"></td><td align="right">Nº 2636/JP1</td></tr>
<tr><td colspan="6">**Readyfit Lda.**
Rua de Camões, 22
2000 Lisboa Portugal
Tel:+351 21664888 Fax: +351 21 664887</td></tr>
<tr><td colspan="6">Just Price Ltd.
45, Camden Street,   11de Abril de 2003
London W1
England   Vossa Encomenda Nº Lis 2339</td></tr>
<tr><td>**Quantidade**</td><td colspan="2">**Descrição dos artigos**</td><td>**Nº Cat.**</td><td>**cada**</td><td>**Total**</td></tr>
<tr><td align="center">200
300
400
500</td><td colspan="2">**Camas de Pinho**: 100 Verniz Escuro/100 Verniz Claro
Cadeiras de Pinho: 150 Verniz Escuro/ 150 Verniz Claro
Mesas de Carvalho: Cor Original
Mesas para TV: Cor de Mogno</td><td>PB 26
PC 28
DTO 123
TVs 368</td><td>@300
@100
@400
@150</td><td>60000
30000
160000
65000</td></tr>
<tr><td colspan="4"></td><td align="right">Menos 15% desconto comercial
Menos 5% desconto de quantidade
Total Líquido</td><td>315000
47250
15750
252000</td></tr>
<tr><td colspan="6" align="center">*E&OE*   Registo Comercial Nº 7133459   IVA Nº 266 4590 03</td></tr>
</table>

4. Payments

a) The invoice

In order to be paid for something you must invoice your client. This can be for a tangible item, like equipment you have sold, or for an intangible item, like a service you have supplied.

The invoice acts as request for payment, within a previously agreed stipulated time and as an official record of a transaction that has occurred between you and a particular client.

There is no set structure for an invoice and they vary from company to company. However, most invoices provide similar relevant information (see example 5.5 below).

Example 5.5: **Invoice**

	INVOICE			No. 2636/JP1
Readyfit Lda. Rua de Camões, 22 2000 Lisboa Portugal Tel:+351 21664888 Fax: +351 21 664887				
Just Price Ltd. 45, Camden Street, London W1 England		11 - April - 2003 Your Order No. Lis 2339		

Quantity	Item description	Cat. No.	each	Total
200	**Pine beds**: 100 Dark Varnish/ 100 Clear Varnish	PB 26	@300	60000
300	**Pine chairs**: 150 Dark Varnish/ 150 Clear Varnish	PC 28	@100	30000
400	**Oak tables**: Original colour	DTO 123	@400	160000
500	**TV stands**: Mahogany coloured	TVs 368	@150	65000
				315000
		<u>Less</u> 15% trade discount		47250
		<u>Less</u> 5% quantity discount		<u>15750</u>
		Net Total		<u>252000</u>

E&OE	Registered No. 7133459	VAT No. 266 4590 03

O número de registo comercial, juntamente com o número de contribuinte (**IVA**) devem aparecer na parte inferior da factura.

As letras ***E&OE***, no canto inferior esquerdo da factura, significam ***Salvaguardam-se Erros e Omissões***. Por outras palavras, se houver um erro na factura, o fornecedor tem o direito legal de o corrigir; essa correcção pode ser feita, dependendo da natureza do erro, pedindo mais dinheiro ao cliente ou reembolsando-o.

b) O extracto de conta

Uma vez estabelecida uma relação comercial estável entre uma empresa e um cliente, e partindo do princípio que este cliente faz pagamentos e encomendas regulares, a empresa envia ao cliente um extracto de conta mensal.

O objectivo de um extracto é informar o cliente relativamente à sua situação no que respeita às encomendas feitas, bem como aos respectivos pagamentos, não só os que já tenham sido efectuados, como também os que ainda estejam por liquidar.

Dado que os pagamentos de algumas encomendas podem não ser feitos no próprio mês, é fundamental que, quer a empresa, quer o cliente tenham conhecimento do saldo devedor do cliente. Um extracto de conta, não só permite esclarecer esta situação, como proporciona ainda ao cliente a oportunidade de confirmar se a sua situação está regularizada e, caso não esteja, as correcções possam ser feitas pela empresa, desde que coincidam com os erros.

The registered number of the company along with its value added tax (**VAT**) number should be displayed at the bottom of the invoice.

The letters **E&OE** at the bottom left hand corner of the invoice stand for *Errors and Omissions are Excepted*. In other words, if any mistake occurs on the invoice, the supplier has the legal right to correct it by either asking for more money or by providing a refund.

b) The statement

Once a firm relationship has been set up between a company and its customer, that is, regular orders have been placed and payments have been made, a statement is sent on a monthly basis to that customer.

The purpose of the statement is to inform the customer as to their position in terms of the orders that they have placed and the respective payments that they have carried out as well as those payments still pending.

As payments of some orders may not fall within the same monthly period, it is fundamental for the company and the customer to be aware of the level of debt that a respective customer holds; the statement is a clear way of doing so. Also, it provides the customer with the opportunity to confirm that everything is in order and if not, corrections can be made by the company, provided that they agree with the errors.

Exemplo 5.6: **Extracto de conta**

EXTRACTO DE CONTA				Nº JP1/UK10
Readyfit Lda. Rua de Camões, 22 2000 Lisboa Portugal Tel:+351 21664888 Fax: +351 21 664887				
Just Price Ltd. 45, Camden Street, London W1 England			1 de Maio de 2003	

Data	Descrição	Débito	Crédito	Saldo
2003		'000	'000	'000
1 Abril	Saldo Anterior			150
2 Abril	Factura 2635/JP1	186		336
8 Abril	Nota de débito D311	20		356
10 Abril	Pagamento em dinheiro		150	206
11 Abril	Factura 2636/JP1	252		458
14 Abril	Nota de crédito C517	40		418
22 Abril	Cheque Nº JP3459876		250	168
E&OE		Desconto de 3% se pago em 7 dias		

Este extracto é uma descrição das transacções que ocorreram durante o mês de Abril entre a empresa Readyfit Lda. e o seu cliente Just Price Ltd.

Podemos verificar que houve erros relativamente a algumas facturas enviadas; esses erros foram corrigidos através de uma **nota de débito** e de uma **nota de crédito**. Nas páginas seguintes encontram-se os exemplos destas notas de débito e de crédito. As empresas nem sempre utilizam estes métodos para corrigir erros; por vezes, a factura em questão é cancelada e é emitida uma nova factura.

Há também dois pagamentos, registados neste extracto como pagamento em dinheiro e cheque.

Example 5.6: **Statement**

STATEMENT				No. JP1/UK10
Readyfit Lda. Rua de Camões, 22 2000 Lisboa Portugal Tel:+351 21664888 Fax: +351 21 664887				
Just Price Ltd. 45, Camden Street, London W1 England		1 - May - 2003		

Date	Item	Debit	Credit	Balance
2003		'000	'000	'000
1 April	Account Rendered			150
2 April	Inv. 2635/JP1	186		336
8 April	D/N D311	20		356
10 April	Cash		150	206
11 April	Inv. 2636/JP1	252		458
14 April	C/N C517	40		418
22 April	Cheque No. JP3459876		250	168

E&OE	Cash Discount 3% if paid within 7 days

The above statement is an account of the transactions that took place over the month of April between Readyfit Lda. and Just Price Ltd.

You will see that some errors have occurred in relation to some invoices (Inv.) that were sent and have been corrected by using a **debit note (D/N)** and **credit note (C/N)**. An example of the above credit note and debit note is provided on the following pages. Companies do not always use these methods to correct errors. Sometimes the invoice in question is cancelled and a new one is issued.

There are also two payments, which are listed as cash and cheque.

Exemplo 5.7: **Nota de débito**

NOTA DE DÉBITO		Nº D311
Readyfit Lda. Rua de Camões, 22 2000 Lisboa Portugal Tel:+351 21664888 Fax: +351 21 664887 Just Price Ltd. 45, Camden Street, London W1 England		8 de Abril de 2003
2 de Abril de 2003	Factura 2635/JP1 **COBRADO POR DEFEITO** O preço do artigo devia ter sido: 200 Camas de Pinho @ 400 = 80,000 NÃO 200 Camas de Pinho @ 300 = 60,000 Pedimos desculpa pelo erro e solicitamos o pagamento da diferença, ou seja, 20,000	20,000

Esta nota de débito foi enviada para a Just Price Ltd. para confirmar que foi **cobrado um preço inferior ao devido**. Uma vez que o pagamento ainda não foi feito, a nota de débito vai ser registada nos livros de ambas as empresas como uma rectificação a favor da empresa Readyfit Lda. e o saldo final será alterado de acordo com a correcção.

Correspondence Handbook 151

Example 5.7: **Debit note**

	DEBIT NOTE	No. D311
Readyfit Lda. Rua de Camões, 22 2000 Lisboa Portugal Tel:+351 21664888 Fax: +351 21 664887 Just Price Ltd. 45, Camden Street, London W1 England		8 April 2003
2 April 2003	Inv. 2635/JP1 <u>UNDERCHARGE</u> The extension should have read: 200 Pine Beds @ 400 = 80,000 NOT 200 Pine Beds @ 300 = 60,000 We apologise for the error and request that you pay the difference viz. 20,000	<u>20,000</u>

This debit note was sent to Just Price Ltd. in order to rectify the **undercharging** of goods. No money has exchanged hands and all that will happen is that the debit note will be registered in the books of each company as an adjustment in favour of Readyfit Lda. and the final balancing figure will be altered in accordance with the adjustment.

Exemplo 5.8: **Nota de crédito**

	NOTA DE CRÉDITO	N° C517
Readyfit Lda. Rua de Camões, 22 2000 Lisboa Portugal Tel:+351 21664888 Fax: +351 21 664887 Just Price Ltd. 45, Camden Street, London W1 England		14 de Abril de 2003
11 de Abril de 2003	Factura 2636/JP1 <u>**COBRADO POR EXCESSO**</u> O preço do artigo devia ter sido: 200 Cadeiras de Ébano @ 400 = 80,000 NÃO 300 Cadeiras de Ébano @ 400 = 120,000 Reembolso = 40,000 Pedimos desculpa pelo erro.	<u>40,000</u>

Esta nota de crédito confirma que foi **cobrado um preço superior ao devido** e irá ser registada nos livros de ambas as empresas como uma rectificação a favor da empresa Just Price Ltd.

Example 5.8: **Credit note**

CREDIT NOTE		No. C517
Readyfit Lda. Rua de Camões, 22 2000 Lisboa Portugal Tel:+351 21664888 Fax: +351 21 664887		
		14 April 2003
Just Price Ltd. 45, Camden Street, London W1 England		
11 April 2003	Inv. 2636/JP1 <u>OVERCHARGE</u> The extension should have read: 200 Ebony Chairs @ 400 = 80,000 NOT 300 Ebony Chairs @ 400 = 120,000 Refund = 40,000 We apologise for the error.	<u>40,000</u>

This is the credit note that will be registered in the respective books of each company as an **overcharging** adjustment in favour of Just Price Ltd.

5. Queixas/Reclamações

Por vezes, no mundo dos negócios, as coisas nem sempre correm como planeámos e, por isso, pode haver algum descontentamento relativamente a um produto ou a um serviço. Quando isto acontece, é necessário informar o fornecedor. Fazer uma queixa relativamente a um serviço ou a um produto de má qualidade não é uma tarefa agradável, mas para chamarmos a atenção para um problema é inevitável que o façamos.

O fornecedor deve ser informado de um modo delicado e formal e o nível de cortesia e formalidade depende, obviamente, da relação entre as duas partes (ver o exemplo que se segue). Não devemos começar por culpar alguém porque, por vezes, a pessoa que está a fazer a queixa também pode estar induzida em erro sem o saber.

5. Complaints

At times, within the business world, things do not go as planned and dissatisfaction with a certain product or service can happen. When this happens, it is necessary to inform the supplier. Complaining about a poor service or product is not a satisfying duty but in order to draw one's attention to problems, it is unavoidable.

The supplier should be informed in a polite and formal manner and the level of politeness and formality will depend on the relationship between the respective parties (see example 5.9 below). One aspect that needs to be always kept in mind is that no one is to blame, because at times, the person who is complaining may in fact be at fault without realising it.

Exemplo 5.9: **Carta em que se apresenta uma queixa**

Just Price Ltd.
45, Camden Street, London W1
Tel: +44 2086677654 Fax: +44 2087777666

Readyfit Lda.
Rua de Camões, 22   V/ ref: Inq JP 2226
2000 Lisboa   N/ ref: Comp Lis 0010
Portugal
                                                     26 de Maio de 2003

Caro Sr Rodrigues,

Encomenda Nº LIS 2341

Escrevo esta carta para apresentar queixa relativamente à mercadoria que recebemos ontem referente à encomenda supra mencionada.

Parte da mercadoria chegou danificada porque alguns dos contentores foram danificados durante a viagem. Doze mesas chegaram danificadas e em termos da vossa factura Nº 2640/JPl calculámos o valor do prejuízo em 125,000. No entanto, agradecíamos que confirmassem se os nossos cálculos estão correctos.

Uma vez que comprámos os artigos de acordo com uma transacção c.i.f., aguardaremos as vossas instruções. Até lá, vamos colocar a mercadoria de lado.

Como devem calcular, já temos clientes para os artigos que vos encomendámos e por isso esperamos que compreendam a urgência que temos em resolver esta questão.

Com os melhores cumprimentos,

Jason Blond
Director de Compras

Correspondence Handbook 157

Example 5.9: **Letter of complaint**

Just Price Ltd.
45, Camden Street, London W1
Tel: +44 2086677654 Fax: +44 2087777666

Readyfit Lda.
Rua de Camões, 22
2000 Lisboa
Portugal

Your ref: Inq JP 2226
Our ref: Comp Lis 0010

26th May 2003

Dear Mr Rodrigues,

Order No. LIS 2341

I am writing to complain about the goods we received yesterday against the above order.

Some of the goods arrived damaged because some of the containers were damaged in transit. Twelve tables were damaged and in terms of your invoice No. 2640/JPl we have calculated the value of the damage to be 125,000. However, please confirm that our calculations are correct.

As we have purchased the items on a c.i.f. basis, we will wait for your instructions. Until then, we will put them to one side.

As you are aware, we already have potential clients for the goods that we order from you and therefore you can appreciate the urgency in which we await your reply.

Yours sincerely,

Jason Blond
Purchasing Manager

6. Respostas a Queixas/Reclamações

A resposta a uma queixa deve ser escrita cuidadosamente, uma vez que cabe ao fornecedor da mercadoria demonstrar que pode resolver o problema com eficiência e sem correr o risco de perder um cliente (ver o exemplo que se segue).

6. Replies to Complaints

Replying to a complaint needs to be written carefully because the supplier of the goods or services will want to show that they can deal with the problem efficiently, without increasing the risk of losing a valid customer (see example 5.10).

Exemplo 5.10: **Resposta a uma queixa**

Readyfit Lda.
Rua de Camões, 22
2000 Lisboa Portugal
Tel: +351 21664888 Tax: +351 21 664887

Just Price Ltd.
45, Camden Street,
London W1
England

V/ ref: Comp Lis 0010
N/ ref: Inq JP 2226

29 de Maio de 2003

Caro Sr Blond,

Muito obrigado por nos terem informado relativamente ao estado em que receberam a mercadoria que vos enviámos acompanhada pela factura Nº 2640/JPl.

Como podem calcular, foi com alguma admiração que tomámos conhecimento desse prejuízo, uma vez que é a primeira vez que tal acontece desde que iniciámos a nossa longa e proveitosa relação comercial. Contudo, aqui ficam as nossas sinceras desculpas e esperamos que este incómodo não vos tenha causado muitos problemas.

Seria melhor se devolvessem toda a mercadoria, com transporte pago pelo destinatário; pediremos à nossa companhia de seguros que inspeccione os danos para que possamos proceder à indemnização.

A razão pela qual vos peço que devolvam a mercadoria é a de que temos artigos suficientes em armazém para poder fazer uma nova remessa relativamente à vossa encomenda Nº LIS 2341. Procederemos ao seu envio imediatamente.

Agradecíamos que nos informassem se isto é possível.

Aguardo com expectativa a vossa confirmação e mais uma vez aqui ficam as nossas desculpas pelo incómodo causado.

Com os melhores cumprimentos,

Paulo Rodrigues
Director de Vendas Internacionais

Example 5.10: **Reply to a complaint**

Readyfit Lda.
Rua de Camões, 22
2000 Lisboa Portugal
Tel: +351 21664888 Fax: +351 21 664887

Just Price Ltd.   Your ref: Comp Lis 0010
45, Camden Street,   Our ref: Inq JP 2226
London W1
England
                                                  29th May 2003

Dear Mr Blond,

Thank you for informing us about the state in which you received the goods we forwarded to you against the invoice No. 2640/JPl.

As you can imagine we were very surprised to hear about the damage, particularly as it is the first time it has occurred throughout our long and fruitful association. Nevertheless, please accept our humblest apologies and we hope the inconvenience has not caused you too many problems.

It would be best if you returned the whole consignment, on a C/F basis, and we will ask our insurers to inspect the damage in order to arrange compensation.

I am requesting that you return all the goods because we have sufficient items in stock to forward a new consignment against your order No. LIS 2341. We would be able to despatch them immediately.

Please let us know whether this is acceptable.

I look forward to your acknowledgement and once again apologise for the inconvenience.

Yours sincerely,

Paulo Rodrigues
International Sales Director

Key Vocabulary	Vocabulário Chave
Account rendered	Saldo anterior
Acknowledgement	Confirmação, aviso de recepção
Adjustment	Rectificação
After sight bill/draft	Letra de câmbio paga no futuro
Agreement	Acordo
At sight bill/draft	Letra de câmbio paga à vista
Balance	Saldo
Bill of exchange	Letra de câmbio
Cash	Dinheiro vivo
Cash against documents	Dinheiro contra documentos
Cash discount	Desconto para pronto pagamento
Catalogue	Catálogo
Chain of distributors	Cadeia de distribuidores
Client	Cliente
Compensation	Indemnização
Complain (about; of)	Queixar-se, apresentar queixa
Complaint	Queixa, reclamação
Consignment	Remessa
Credit note	Nota de crédito
Customer	Cliente
Damage	Prejuízo
Debit note	Nota de débito
Debt	Dívida
Delivery	Entrega
Despatch	Despachar, enviar
Distributor	Distribuidor
Enclose	Enviar em anexo
Enclosure	Anexo
Enquire/Inquire	Pedir informação
Enquiry/Inquiry	Pedido de informação
Forward	Enviar
Goods	Mercadorias
Invoice	v. Enviar factura
	n. Factura
Intangible item	Artigo intangível
Item	Artigo
Net total	Total líquido
Order	Encomenda
Overcharge	Cobrar por excesso
Packaging	Embalagem, empacotamento

Key Vocabulary	Vocabulário Chave
Payment	Pagamento
Price list	Lista de preços
Purchase	Comprar
Quantity discount	Desconto de quantidade
Refund	Reembolso
Reply	v. Responder
	n. Resposta
Retailer	Retalhista
Sight draft	Letra de câmbio paga à vista
Statement	Extracto de conta
Supplier	Fornecedor
Supply	Entregar, fornecer
Tangible item	Artigo tangível
Terms	Condições
Trade discount	Desconto comercial
Trading association	Relação comercial
Transaction	Transacção
Undercharge	Cobrar por defeito
Up-to-date	Recente, actualizado
Phrases	**Expressões**
Could you inform us...	Poderia informar-nos ...
It was a pleasure to receive...	Foi um prazer receber ...
Please find enclosed...	Poderão encontrar em anexo ...
Please forward...	Por favor enviem ...
Regarding your...	Relativamente à/ao vossa/o ...
Thank you for your...	Obrigada/o pela/o vossa/o ...
There is no problem...	Não há qualquer problema ...
Unfortunately, we cannot...	Infelizmente não podemos ...
We accept your ...	Aceitamos a/o vossa/o ...
We look forward to your acknowledgement.	Aguardamos com expectativa a/o vossa/o confirmação/aviso de recepção.
With reference to...	Em referência à/ao ...

Abbreviations and Acronyms	**Abreviaturas e Acrónimos**
Attn.= Attention	Attn.= A/C=Ao cuidado de, À atenção de
Cat. = Catalogue	Cat. = Catálogo
C/F = Carriage Forward	C/F = Transporte pago pelo destinatário
C/N = Credit Note	C/N = Nota de Crédito
c.i.f. = cost, insurance & freight	c.i.f. = custo, seguro e frete
Del. = Delivery	Del. = Entrega
Disc.= Discount	Disc.= Desconto
D/N = Debit Note	D/N = Nota de Débito
D/P = Documents against Payment	D/P = Documentos contra Pagamento
E&OE = Errors and Omissions are Excepted	E&OE = Salvaguardam-se Erros e Omissões
Inq.= Inquiry	Inq.= Pedido de informação
Inv.= Invoice	Inv.= Factura
Ltd. = Limited	Ltd. = Limitada
Pymt.= Payment	Pymt.= Pagamento
No.= Number	No.= Número
Ref.= Reference	Ref.= Referência
V.A.T. = Value Added Tax	V.A.T.= Imposto sobre Valor Acrescentado (IVA)
Viz. = *Videlicet* (Lat) = In particular	Viz. = Ou seja, em particular